一个寻常家族的百年变迁

U0851113

似沉欲浮
大江南

汪志敏 / 著

南方日报出版社
NANFANG DAILY PRESS
·广州·

图书在版编目（CIP）数据

似沉欲浮大江南 / 汪志敏著. — 广州：南方日报出版社，2018.11

ISBN 978-7-5491-1845-8

Ⅰ. ①似… Ⅱ. ①汪… Ⅲ. ① 汪志敏—家族—史料 Ⅳ. ① K825.38

中国版本图书馆 CIP 数据核字（2018）第 194145 号

出版统筹：周山丹
责任编辑：阮清钰
责任技编：王　兰
责任校对：王　燕
书籍装帧：易　界

SI CHEN YU FU DA JIANGNAN

似沉欲浮大江南　　　　汪志敏　著

出版发行：南方日报出版社
地　　址：广州市广州大道中 289 号
经　　销：全国新华书店
印　　刷：广州市尚铭印刷有限公司
开　　本：787mm × 1092mm　1/32
印　　张：8.625
字　　数：180 千字
版　　次：2018 年 11 月第 1 版
印　　次：2018 年 11 月第 1 次印刷
定　　价：36.00 元

投稿热线：（020）87373998-8503　　读者热线：（020）87373998-8502
发现印装质量问题，影响阅读，请与承印厂联系调换。

目录

Contents

第一章　(1918—1936 年)

第二章（1937—1945年）

第三章（1945—1949 年）

第四章（1949—1958 年）

第一章 似沉欲浮 江南

（1918—1936年）

外公闯上海，垃圾生财

棚户区里可耕田

外公外婆的「准则」

「大门神」瘸子

废墟中的生命力

爷爷小「刺激」，祖产烟灭

木行大先生

小街麻石板

「福寿膏」迷魂

温柔再一刀

父母少年梦，冷暖人间

「冷」中的暖

「暖」中的冷

死去活来

绝处总逢生

外公闯上海，垃圾生财

棚户区里可耕田

滚滚长江东逝水：南京宽，镇江阔，常州仅边缘？奔崇明、入海口，苏北重复苏南。

望京杭运河：镇江对岸扬州，琼花盛开；江南的大地，古迹名胜！常州独西东横贯，无锡急南斜；苏州连杭州，双双皆天堂。

120年之前，京杭大运河、苏南常州府、西门外的三堡街上，洪都会馆已金碧辉煌。洪都即江西南昌。南昌的老板撑来500个木排，稳稳地停靠在常州西大王庙的浅滩。老板要在洪都会馆拜财神，再请四五桌酒席，恭喜发财、吃饱喝足后，坐在会馆戏台上，敲锣打鼓拉胡琴地看唱戏。这一次，大老板请来的唱戏佬，还很有名气。

在三堡街往南、再往南，外公上代下传的两间破瓦屋，就在朱家村的村中间。这一年，外公21岁，已娶了外婆，破瓦屋里有大床、有小凳，还有三个银洋钱，外带四个小角子、六只大铜板。他三天转两头，跑到西门外去做点小生意，得混口饭吃。这一带，常州的生意已经诞生许多地名，譬如豆市河、米市河、西仓街，还有西仓桥、大仓弄，以及篦箕巷、石灰弄等。北岸的西直街，小街两侧同样添满花样经，有铁匠、木匠、竹篾匠，开起了混堂；面店不算少，更有麻糕、油条、米饭饼。颇有名气的药店、当铺、钱庄，也都一一冒出来。

这一天，外公没有做成小生意，肚皮倒是饿瘪了。他想捞一碗阳春面，却舍不得铜板，咬咬牙，还是摸出两块萝卜丝饼，嚼起来。回到朱家村，晚饭喝稀粥，和着咸菜、萝卜干，灌饱了，晃荡晃荡四五里路，他又赶往三堡街。洪都会馆有戏唱，昨天他已经听说。走进会馆，听唱戏的还不少，他怕挨挤，特意钻在角落边。那天唱戏佬都唱的是折子戏。唱到末了，有名的先生添唱一曲“滚滚长江东逝水”，曲不错，调头也不错，外公后来竟然也学会唱了。

眨眼过了年，桃花再一开，“三月三，穿件单布衫”；天转阴，冻得眼睛又翻呀翻。天才蒙蒙亮，外公棉袍蓝腰带，外婆包袱挽右臂，竟然悄无声息离开朱家村，走出西门外，进入西前门。外婆想进张王庙码头，也就是后来统称的“表场码头”，去乘快班船，或坐大火轮——听说大臣新造的大火轮，两天一夜就能开到上海去！外公不睬她。外公带着外婆走到北门，拐到北门外的常州火车站，爽快摸出银圆一齐进了站台。

在外婆6岁、外公10岁的那一年，19世纪全都变成了20世纪。在老世纪，外国狂抢大清的财宝，慈禧发怒收服小皇帝，皇亲摸狗头、国戚卖羊屁股的情况已经不稀奇；新世纪诞生，能享受、赚银圆的机会也越来越多。到了1908年，大清快要垮台了，中国的第一条沪宁铁路通车了，哭的哭，笑的照样笑；

中华民国于1912年成立，饿肚皮、瘪塌塌的不算少，乱七八糟想发财的也不少。外公外婆也在1912年，藏着三五只银圆，乘着火车唧锵唧锵去上海，想的也是发大财。坐进了车厢，外婆闭起眼睛就念佛；外公嘴一张，更在巴望“天天吃鱼肉、日日穿绫罗”，“回到了常州，要造三重三进大宅院”……

上海到站了。外婆踏进北站张望着四周，心底刻下好几处烙印。她在30年以后，仍讲火车“跑得太快了！常州到上海，只要6个多钟头”。

外公离开了北站，顺着铁路往前走。一路上，外公没出入租界，当然没遇到“红头阿三”；“华界”由警察管辖，上海人称“乌老鸦”，他也没碰到。走进旱桥头旁边，有一块空地，外公搭两间棚子，第二天就住了进去，居然也没遭遇周折。值得一说的是那座上海市的“旱桥头”，我认为，属于“跨铁路立交”，更属于我们中国早期第一座立交！

我由此准确归纳：在1912年，常州乡下的外公、外婆移进上海闸北区，在东站附近的铁路立交堍（属于棚户区）很轻松地违章建成两间土坯的油毛毡棚子。

上海繁华的那一边，有历史称“越发异样发展着”；在这边，仍是历史家说的，沪宁、沪杭甬的火车接轨了，沪宁、北站、东站（麦根路货站）三个火车站，建起启用了……“列强、富豪的‘眷顾’依然顾不及”，一片一片涌来的移民，破破烂烂的棚户区，由此越来越响亮。

外公外婆发财的愿望，到了1916年，在棚户区就如鱼得水似的实现了——在旱桥头边再建两大间棚子，开起了垃圾店。

外公在朱家村曾念过5个月私塾，闻过文化的气息；学了些西门外的生意经，到了上海又受点启发。一开垃圾店，捡张破桌子，他就先摆起文房四宝；三根指头拨算盘，毛笔点点流水账。外婆没文化，瞎字不识数，称秤、付铜板却赛过活神仙。发小财，外婆则生下大舅。她寻块破布裹紧大舅驮在后背上，照样称秤收垃圾，外加烧饭洗衣裳。驮到大舅会爬了，能走了，在1918年11月，外婆又顺顺利利生下母亲，仍塞紧包裹把她驮在后背上。

母亲后来喜欢讲起垃圾。她讲上海人，剪头总收集头发，刷牙齿会留下牙膏皮；买鸡杀鸭子，聚集鸡毛鸭毛更要剥只鸡肫皮，到时聚一堆，称一称，再送垃圾店去换铜板；她讲上海小瘪三，各自“霸占”几只垃圾箱，绝对不许他人翻垃圾；大人小街小弄堂里买垃圾，同样捡垃圾，十人九个半，他们每天都要跑趟垃圾店，用垃圾去换一点铜板，以便买点米、换点面，好让肚皮多塞点。

交通便捷、地价低廉的大上海，开始建厂、开店一片一片大扩展。到了20世纪20年代末，上海“华界”有566家较大的工厂，其中闸北就有256家，还包括大名鼎鼎的商务印书馆、闸北水电公司、福新机制面粉厂等！上海的历史学家在21世纪初，还亲手传递“华界工厂发源大本营”的历史纪念。至于外公那爿垃圾店，一本正经收垃圾，分门别类卖垃圾，五六年后也渐成规模，有照为证，你看看——院门口，四周青灰墙，匾额高挂，鞭炮刚放过；院子的一半，砌出七八间平房，门口那一间，称垃圾、摆破桌，依然搁着算盘和文房四宝。只不过，外公的账簿已不登小账。外婆既要称垃圾，又要烧饭洗衣裳，忙得头昏脑涨，也快吃不消了。富在深山有远亲。外婆的弟弟即外公的小舅子，在常州过穷日子，想造房子还想讨老婆，此时当然投奔旱桥头。外婆把大秤移给小舅子，算一举两得。

院子的另一半，专门堆放着垃圾：鸡毛归鸡毛、鸭毛归鸭毛，废铜烂铁分门，头发猪鬃别类；碎玻璃、旧瓶子去装草包，送进玻璃厂回炉；破纸板、烂布头捆紧，好往造纸厂卖好价钱……外公已经雇了三个伙计，都是江北人，很穷也很卖力气。只不过，有些卖垃圾扎包，捆紧靠力气，更讲究技巧，外公一直让瘸子包揽。瘸子牛高马大，原来在奉军当小班长，遇到冯玉祥部队，就被打瘸了。一条腿瘸了，他拐到上海沿着马路没转过几天，饿得只好讨饭了。那年下大雪，外公的垃圾店早关门。瘸子又冷又饿走不动，一屁股坐在垃圾店的门槛上，敲敲门，一边准备着等死。

外婆开了门。她回过身，锅里盛来一海碗米饭，夹几块咸菜，递给了瘸子，还让他进垃圾店来吃。瘸子饿慌了，三五口吞光，缓了一口气，竟觉得更饿。他便讨一碗开水，一口灌，然而抹抹嘴，死皮厚脸地对外公说：“我不离开了。我听你指挥，不需要津贴，每天有口饭吃就行。”

雪夜未漆黑，路灯半光亮。外公想了想，答应让瘸子住一个晚上。第二天，瘸子独自铲雪又扫雪，外公不吱声。吃早饭时伙计喝稀粥、夹油条，瘸子最后吃剩下的，一口不浪费。外公仍装没看到。太阳出来了，伙计分捡起垃圾。瘸子走进院子学起分捡垃圾，午饭时，不觉吃了两斤半米饭——外婆烧饭得挖米，心里有数目。晚饭时，瘸子说少吃，还是三海碗！外公终于向他招招手。外婆以为请他走，哪知道，外公掏出两只银洋钱，递给了瘸子：去剃头、洗浴，再换一套新衣裤。

瘸子自是感恩不尽。外公向外婆介绍经验：开饭馆，不愁大肚汉！并补充：碰到饿死鬼，你灌足油水，他的饭量保证会缩小。

半年后，瘸子每天还真削减掉两斤大米，之后停滞不减了。外公依然称赞大肚汉："能吃才能干！我不讲别的，单讲瘸子捆垃圾，三层楼上摔下去，照样散不开，你说几个人能够？"

包裹捆紧后，外公自己会挑洋井水，并喊来瘸子搭档：对准包裹的中间，一盆一盆地灌。收购垃圾的人也不傻，到时候也只按"低等级"算账。外公气得两脚跳。回到垃圾店，他拈着胡子又会呵呵笑，多少还赚十几个铜板。

外公外婆的“准则”

外公民国元年（1912年）乘着火车到上海，肚皮瘪塌塌，嘴巴呱啦啦地念着“做生意，发大财”“吃鱼肉，造宅院”，等等。念到民国十六年（1927年）还真发起了大财。他吃鱼吃肉已经不稀奇。那一天，他带着外婆回到了常州，在西门外的朱家村附近，也就是在普济街的鲁家巷旁边，一下子买下一亩五分的地皮，造建起东、西两幢大宅院！

外婆曾讲给我听：她跑到上海头三年，肚皮吃不饱，外公的银角子都不剩几只了。太外公在朱家村生病，转个身过世，外公费尽心思独自回到常州，磕头拜菩萨，用两间破屋子抵债，才总算安安稳稳地请太外公躺进了棺材。两幢宅院建造起，外婆特意到朱家村坟头跪拜，一遍一遍告诉太外公：“我们朱家总算造起大宅院，总算有家好住了……”

在鲁家巷，东边二重二大间的宅院里，头重院子花草带风凉，冬天晒太阳；大间的当中客堂间，烧香拜菩萨；左右各一间房。二重院子有一间侧门，挖口井，还砌一间灶披屋；二间建造“二层楼”：底楼两个小房间，二楼杉木板壁杉木门，清桐油上处处能抹出人影子。

西边的大宅院，两大间，前后、高低、墙面和柱子等都差不多。外婆已生两个儿子了，她还想生儿子，生双胞胎，在西边的宅院合伙做生意……

还剩三四分地皮，外公关照堂弟围上一人半高的篱笆，种萝卜、浇青菜，任他自己种、自己收。上海旱桥头的垃圾店，已有人传信，快要忙不过来了，外公外婆要赶紧过去。两年前，后院差一点被垃圾堆挤满；扩大了后院，生意没加鞭，快马依然奔跑着。

称垃圾的小舅子，起早摸黑不稀奇，稀奇的还是五个伙计围着垃圾堆分类，瘸子捆扎、打大包，三天要两头，撒泡尿都恐怕耽搁了辰光。外公雇伙计来帮大忙。一日三顿饭，八个人一桌，不多久，垃圾店里已坐起两桌。

说归说，外婆一天要烧三顿饭、两顿菜，请她坐一桌也没工夫。母亲虽8岁，她抱着1岁的大姨，还要照料3岁的二舅。大舅放了学，外婆摆起小圆桌，便喊母亲盛起饭，自己露出奶，开始喂大姨。母亲先帮二舅盛，再替外婆盛，替自己盛，最后端只空饭碗，给大舅："你自己盛！"

晚饭时外公常喝黄酒、讲老话。大舅初小快毕业，外公喝着黄酒关照他："你学本事、赚银圆，还要念中小、念高小，只不过，不准你到宋庆龄小学校念书！"

母亲92岁那一年，提起宋庆龄小学校，老话还是一大堆。她说，闸北的棚户区，绝对是宋庆龄先生造起的学校，距离垃圾店，一里路不到。她还说，穷人家念书来报名，老师提几个简单问题，见智力正常，便让孩子们领书，坐进教室去。他们的学费，半个铜板也不收……

中国的活菩萨，习惯请穷人念书！怪的是，老板个个“扎台型”，外公垃圾店老板也一样“正常”。母亲经常讲，大舅念书交学费，外公一点不在乎；若跌下“身价”，难为情！

1926年，有一位日本人，在上海老勃生路、小沙渡路的公共租界间，造起了鼎鼎有名的大自鸣钟。每隔一刻钟，旱桥头的垃圾店四边，也能听到“叮咚叮咚”的报时。大清早，母马“的笃的笃”敲着鹅卵石，老头牵着母马“马奶”“马奶”地吆喝，而外婆经常听到大自鸣钟的报时，就摸三个铜钱，在垃圾店边挤一碗马奶，催促大舅“趁热赶紧喝”。

外婆天天挤马奶，催促大舅喝，一直喝到1930年大舅高小毕业。而母亲在11岁那年，听到外婆在垃圾店旁边挤马奶，突然拖起二舅，又抱着大姨，不顾一切钻进了后院。伙计在后院分拣垃圾堆，粗俗的谈笑声不断，母亲却只是到处寻找自己的慰藉。

大舅享受“长子”的待遇天经地义，上代传下世。母亲童年的酸楚，随着岁月渗透不断地发酵。她对外公外婆的忠诚，也绝对不变！有一天半夜，母亲突然醒过来，听到了窸窸窣窣的响声。她悄悄拉开一条门缝，移入朦胧的后院，躲到垃圾堆的角落里，还真看到小舅子拎个物件蹑手蹑脚钻出了院子！

母亲跑回房间，披一件罩衫，“痴胆大”一般跟踪着。第二次跟踪，她看他捞起废铜烂铁到了他的朋友家。

母亲一五一十告诉了外公。外公二句话不说，捞一支棍子，对准小舅子大腿，狠狠地，先是三棍子！小舅子半死不活翻滚着，喊着娘。外公喷出了一口恶气，才开始审问。小舅子坐在地板上，很有“宁死不招”的精神。外公气疯了，喘着气，吃奶的力气都快敲光了："我就不相信，棒头撬不开你的嘴巴子！"

"你学做贼，太下作！"外婆同样恨恨骂着小舅子。骂归骂，她还是不顾一切、舍生忘死地拦住了外公发疯的棍子。

外公的脸已铁青。"你的娘家人，"外公说，"从今天起，哪一只脚踏进我家门，我先帮你砸断哪一只！"骂过了外婆"赤那"，他抓起小舅子铺盖，一把扔到马路上。

外婆摸一把铜板、银角子，还有两三只银圆，一把塞进小舅子的铺盖里。外公瞄一眼，装作没看到。

外公绕着大秤转，转一圈又一圈。第二天，周围没旁人，他就招外婆过来，说是"看看花手心"——盘秤一翻开，秤底下，还真露出一块吸铁石！

这个"做贼佬"！外公凛然地伸张正义："穷人捡点垃圾不容易，你有赚还想偷，太作孽！"

"垃圾包里你灌洋井水，骗铜板，一样剥面皮（俚语：不要脸）！"外婆翻了他一眼，说。

小舅子"做贼"、外公"打老虎"，外婆要在垃圾店里自己称垃圾，也没半点办法了！母亲稚嫩的肩膀上，更是残酷地承担了买菜、烧饭的重任。

“大门神”瘸子

大舅1930年高小毕业。外公对长子寄予殷切的期望，第三天，他带着大舅乘上火车回到了常州。

第一次回到常州，大舅跟着外公从北门走到了西门。顺着大运河，从西门外的米市河，走到石龙嘴；跨过南运桥，拐进普济街，顺着南运河约里把路，拐进鲁家巷，再走三五十步路，外公推开一栋大宅院。大舅张望着四周，不禁大声喊：“回家喽！”

这时的外公顿时也决定，让大舅留在常州做生意。

解放初期，鲁家巷的门牌号仍保留着，外公家的宅院是6号。门牌的1号，那是黄家鼎鼎有名的永丰盛木行；2号和3号，是黄家的大祠堂、大宅院。黄家是江西老表，不是在乾隆年间就在嘉庆年间，跑到常州做木行生意，上世传下代，传到黄西洲时发起了大财。发到1927年，他仍未老，与三四位股东在西仓桥隔壁，合伙开了一爿木行的分行，替永大精盐大公司开分销处……到了解放初，永丰盛的排门、匾额仍摆在普济街路口。路对面，黄家七八间大排门，依然做木行生意。

顺便再讲普济街一路，约莫三五里，木行大大小小不少于10家，另外还有棺材店、油厂、米行、篦箕木梳店等。外公呢，这时候，只是认准永丰盛的经理钱立峰。辛未年（1931年）六月初二，外公的好话连好话，一遍一遍请求经理收下了大舅，学一点点木行生意经，赚口饭吃。

木行生意正当忙，记账、打算盘都缺人。听到大舅高小已毕业，钱立峰连忙请他写一排毛笔，帮帮忙。转个身，又请大舅打两笔算盘，结清一笔木行的生意。实际是在考试。考得蛮合格，钱立峰也就当场收下了大舅。大舅眨个眼，学起了木行生意。

辛未年正月十六，外公在上海旱桥头又鞭炮噼啪开张了一家垃圾店。前两年，垃圾店里赚的银圆，回常州造宅院已花得差不多。再聚银洋钱，外婆旱桥头边收垃圾，还喊“付高价”。高价付多少？母亲笑着说：“天晓得。”外公卖起垃圾包，那两年赚的银圆不算少，只不过，全交给外婆，让外婆去换金条、换首饰。

昏天黑地一直忙，忙到辛未年腊月廿十，外公抽个空，蘸毛笔又写了一封信，关照大舅早点乘火车，回上海过年。垃圾店过年，外公吃鱼肉、穿绫罗，早已不稀奇。他催促大舅多学点本事，到时他也回常州去做木行生意，雄心勃勃！

10天后将进入壬申。到正月初一，母亲已13虚岁——然而轰隆隆的枪炮声，突然间震醒了外公的美梦！或者说，在1932年1月28日的半夜，倭寇跑到上海杀人放火了！曾经当上奉军班长的瘸子，拐着腿，站在垃圾店后院，非常勇敢地喊着：“打仗了！小心挨流弹！你们猫在墙角边，别乱动！”

外公睡在小房间，连忙缩进墙角；外婆靠紧外公，不敢喘气。枪炮响不间断。外公开始不断咕噜“杀人放火的东西”。

外婆却一个激灵，不顾死活地翻出首饰、金条塞进袜筒管，再裹紧腰眼。裤腰带的粗棉布再扎紧，外婆总算也安稳许多。窗口泛出了浅灰。小箱里的银圆、小角子，外婆准备换小瓦罐，挖深点，埋在床底下去。房门口却乒乒乓乓地敲得炸响了。外公后背先顶住前背，再一听，原来瘸子喊"老板"，说他要到马路边去探风声，大家别乱跑！

外婆偷看瘸子，他真跑出了院门，冲进了马路。外婆连忙爬进床底下，连挖带扒，深深埋进小瓦罐。枪炮好像离远了。大人小孩老伙计，好几个跑进垃圾堆，还喊起"饿死了"。这时候，外婆发扬瘸子不怕牺牲的精神，先打开房间，跑到院门口，冲进马路弯腰赶到洋井口。稍微洗两把籼米，她左手拎起半桶水，右臂挽着大筲箕，很勇敢地又跑回厨房。

瘸子也回到院子。烟囱管里正冒烟，他先吓坏了，连忙喊："不能烧！不许烧！"便扑息了母亲烧饭的灶头。他铁青着脸，告诉外公，小日本到"华界"发疯了，国军的十九路军现在守在商务印书馆一带……

日本手段有多龌龊，瘸子讲不清。我读过许多的资料，就看到，日本除了海军陆战队，还有一些赖皮的"浪人"，竟将中国商务印书馆连带东方图书馆的30多万册藏书，其中十几万册孤本和善本，罪恶无比地全部绝灭了！

第二天，即是1月29日，日本舰队掠过黄浦江，开始一批一批狂轰十九路军。瘸子更是大骂"妈拉个巴子"。外公躲房间，外婆护着母亲、二舅、大姨和小姨，蜷缩在一起，活像小羊群，已被恶狼逼进墙角落。

飞机竟然啸过旱桥头！有架飞机滥炸后返回，剩两颗炸弹，也很随便丢入一处棚户区——外公还曾念过报纸！外婆讲起“两颗炸弹”时，总是讲：“震得吓坏了！”偷出房间再一看，院子里，瓦片、玻璃已散落一地！不再听到飞机轰炸声。院子的垃圾堆外面，哭喊声、叫骂声，却是闹哄哄一片。母亲“痴胆大”，她爬上垃圾堆往高处看，不远处，浓烟弥漫的，她又沿后院，堆起三块石头往墙顶上爬。

母亲看清了，四周的火海已热浪滚滚，火龙舔着油毛毡，瞬息间又变幻成七八条，汹汹地狂扑！“痴胆大”也害怕了，她滚着跳进垃圾堆，叫着哭着连连喊：“火着啦！就要烧进院子里来啦！”两个苏北佬想抱着自家铺盖逃，火龙却忽然扑过去，舔遍垃圾堆……

上海救火会冲进去，总算抢救了三间不算破烂的房间，外公一家也就不用到路边去露宿了。外公很果断，当场就将十几个伙计，一人五只银洋钱，遣散了。外公以前不付银圆给瘸子，这天也没破例。瘸子离开垃圾店也没新要求，再一次感激了外婆的救命之恩。

外公愣了愣，问瘸子：“你为啥离开垃圾店？我亏待你了？”

瘸子愣了愣，才恍然，依然说实话：“我再赖进垃圾店里吃干饭，不好意思了。我还是投奔十九路军，去打日本人。”外公放心了，故意说：“十九路军还会收瘸子？”还笑道，“垃圾店被烧掉了，我穷了，你放心，照样吃饭，我也饿不到哪里。”

外婆更想留瘸子，还想说他“人不讲好丑，一尊门神爷”，瘸子转个身，已到废墟边上寻他自己的“狗窝”。炮声子弹声，闸北又响起，外婆想讲“门神爷”也忘记了。没多久，枪炮不再飞射旱桥头，瘸子照料母亲烧灶头，也就轻松许多。三天两头的，就去帮外公买《申报》。马路边的消息，譬如讲，上海人做棉衣棉裤送到前线去；上海人组织义勇军、情报队、担架队、运输队等全力支持十九路军……瘸子都会告诉外公或外婆。

外公一天两顿饭，常喊瘸子坐一桌。宋庆龄、何香凝等名人和名士，赶赴上海前线慰问十九路军后，外公念过《申报》自是热血沸腾，找外婆取10只银洋钱，喊起瘸子陪他去棚户区的办公楼，表示抗日的心意。瘸子熟悉“办公楼”，他告诉外公，穷人捐的不算少，都是角子、大铜板。

绝对不在壬申年正月初一，也许大年夜，可能小年夜，反正瘸子离开了垃圾店，当上了义勇军。捡垃圾佬告诉过外公，瘸子报名时，说他打过五年仗，义勇军即收下他，让他当班长。

废墟中的生命力

常州没打仗，大舅依然学生意。小年夜，倭寇仍在上海发痴疯，火车也不通，大舅想到旱桥头去也没了福气！

外公在旱桥头，过年不过年已差不多。瘸子不辞而别了，算朋友、不算朋友，外公索性不再讲，自己去买《申报》看。1932年3月3日，十九路军被迫撤离上海，外公买一张《申报》，坐在废墟旁边晒太阳，一字一句地念，调头仍像念私塾，咂味道。《申报》登的停战协议，外公念了好几遍，三五天以后，他异常果断，一下子就招齐瓦匠、木匠、泥水匠，在废墟边起早摸黑，新造重建垃圾店。工钱不算低，生活更拼命，很快就显露出围墙，露出了院子、房间的面貌。一个月不到，垃圾店的院子已经恢复一大半。

外公敲锣打鼓地提前开张了。这一次，垃圾店里雇四个伙计，仍是以前捡垃圾的苏北佬。用母亲讲的“老话”：他们分垃圾、捆垃圾、送垃圾；有饭吃，薪水10天领一回，与解放前后的工人，其实差不多！

半个月之后，旱桥头的垃圾店生意，忙得转不过身了！

倭寇在上海，杀人放火34天，街坊店铺破碎，工厂变成垃圾。上海社会局的记载：“闸北华界103条里弄，被日本人毁坏的房屋数万间，损失商号4204家、工厂841家……闸北直接、间接经济损失1.32亿银圆！”

《申报》开始登“停战”，登起“恢复生产”来。

——你想啊，捡垃圾佬的生活，不闹猛起来？院子里的垃圾店，忙着收垃圾、卖垃圾，银圆能赚不起来？

旱桥头的垃圾店，生意忙到5月5日时，国民政府、日本签订的《淞沪停战协定》正式实施了。根据“协定”，“上海是非武装区”，“中国不得在上海至苏州、昆山一带地区驻军”等，让很多中国人愤恨。不少名人、名士怒斥皇帝“丧权辱国”来，讽刺“商女不知亡国恨”，甚至臭骂“活剥自己的面皮”……外公不是“不知亡国恨”，单单日本人炸毁垃圾店，就让他恨透了他们。等到“协定”实施后，外公的垃圾店里七个伙计已忙得昏头涨脑了，以及好多同样忙碌的老板，全部变得“不知亡国恨”起来！

忙到5月21日，外公想再雇两个伙计，北站“哐当哐当”恢复通车了。垃圾店再忙，外公也要回一趟常州，看一眼长子。父子相隔快要一年了！隔天回常州，外公下车就奔普济街，悄悄走进永丰盛，柜台旁边看到了大舅，他长高了，算盘敲得噼里啪啦蛮好听。外公定心了，站在旁边，就与大舅讲几句老话，鲁家巷的宅院都没去，很要紧地又回到上海，寻人雇两个伙计。隔天他灵机一动，居然收下3个“学生意佬”来。十三四岁的，学啥生意？垃圾堆里分垃圾、捆垃圾！虽不付工钱，但有口饭吃，多少穷人还不是求着去？

两年后，被烧毁一大片的闸北，包括住宅、医院、学校、工商企业等，一一恢复了。外婆也曾说，外公那一个时代，做的垃圾店生意，手脚快，发起财也快，闸北商会也就选他当上了理事。

那年母亲15岁，她还记得特清楚。她说，外公上午做垃圾生意，午饭后总说去开会，还耀武扬威，开过哪些会，天晓得。后来漏了嘴，外婆才知道，这个理事喜欢混堂“水包皮”，然后吸口烟筒管，呼噜噜地睡起一大觉。离开了混堂，端碗大排面，或者盛一碗馄饨，开始赌局玩“国粹”，醉醺醺地再回家。

秋天里赌赢了，外公总拎一蒲包螃蟹，喊外婆赶快煮熟剥蟹吃；冬日里，拎起荷叶包的猪头肉，也任大家偷着抢。哪一天，外公拎得“咣当当”，母亲、二舅也知道他赌输了，就变老鼠，躲猫猫。伙计们躺在两个大房间里，外公若寻伙计的茬，习惯讲他们“能吃不能做”，“像模像样的，竟连垃圾包都捆不紧”……然后念叨瘸子的好处。

这一天上午，两个伙计又捆垃圾包，捆的是破布，外公瞄得实在不舒服，于是习惯地又讲瘸子捆扎的本事。捡垃圾佬前院卖垃圾，听到外公在后院讲话，不由疑惑地问：“你讲的瘸子，不是早被打死了？”

外公认识捡垃圾佬已经七八年。他瞪着眼睛说：“你知道个屁！瘸子在闸北，当上义勇军班长，至现今，不升上营长，也会当一个连长！”

“瘸子一直捆扎垃圾包，我哪会忘记？”捡垃圾佬“咳”一声，他又说，“十九路军那一年撤退，‘乌老鸦’雇一班人，把我也雇去，拖死尸。我拖瘸子时，他嘴里的血已凝干了；背面上，更让刺刀扎得稀巴烂……”

这一天晚上，外公没玩“国粹”却是醉醺醺回家。母亲以为他赌输，连忙躲起来，哪知道，他没找伙计的茬，之后，也没再骂过伙计。

到了第二年清明，外婆仍没回到常州去扫坟，只用锡箔折成许多银圆宝，在垃圾店门口遥祭。这一次，外婆拿出一只黄纸袋，仍装满元宝，特意烧化给瘸子，并念念有词：“你家好几个亲人，我知道，不会不送银圆给你。我家捧给你几只，表一表心意。你想多少就用多少，不够用的话，托梦告诉我，我马上就会送给你。”

爷爷小“刺激”，祖产烟灭

木行大先生

有记载，清末民初时，米、豆、木、典列入常州经济的“四大支柱”。木业的领头羊，三丰一泰也；绝对优势永丰盛，挂头牌。民国五年（1916年），常州木材的营业额，300万两银圆也，其中永丰盛为100万两，占三分之一，之后再轮到祥丰，轮到乾丰和开泰。

“经济支柱”十年、八年甚至两三年，即发生变化，很正常。

大舅15岁进永丰盛，学木行生意。一年后（即1931年），父亲也15岁，也在常州要学木行的生意。老板们都不愿意。老表黄金喜，70多岁的大先生，开了口，源丰恒的老板景杏生即收下父亲。

爷爷清末民初在江阴璜土念了五年私塾，十七八岁才去隔壁长寿镇，在永丰木行记账、打算盘，月薪6只银洋钱。永丰木行倒闭了，爷爷即迁往常州，进入永丰盛……真实的历史，诸位若有兴趣亦可一观察。

进了永丰盛，爷爷依然记账、打算盘，比江阴的木行老板忙得多，月薪也多领到8只银洋钱。那时钱立峰刚当经理。采购的木排，这次又从南昌撑到了南京。在上新河口，撑船佬仍按规矩，大排改扎成小排，即离开长江，一直撑到通江渠、德胜河。拐个弯，进了大运河的常州段，缓慢、蜿蜒地，往东距离西大王庙还有里把路，一家一家的木排已经停满浅滩。钱立峰经理早已关照撑船佬，这一趟木排拐往新市河东口再靠停。

钱立峰顺路，绕进西仓桥，在永丰盛木行的分行，还有永大精盐常州分销处，全都转了转。看看生意都不错，张嘴他又讲起了老话：木排靠“浑水”，日晒黄金夜不收。永丰盛的生意总是不用愁。

这一句老话，父亲一直铭记。我已经懂事，贪婪学知识，还“考问”父亲：“江南最大的木材集散地，武进（常州）也，这一类‘浑水’为何异物？”

父亲抿嘴说：“‘浑水’为何异物？就是夹带大量泥沙的长江水。大运河东西，小支流南北，常州的‘浑水’遍地淌。”

母亲一提起“浑水”，胜如讲故事。她说解放后五六年，在大运河的西涵洞往西，还有好多木排停靠在浅滩上。乡下人光脱脱地爬到木排上，剥树皮，晒干了烧火，更节省钞票。木排“浑水”里浸三五年，再剥皮，母亲也经常目睹：木头黄，依然黄；白，还是白，木质、色泽一点也不变……

钱立峰关照木排拐进新市河，再讲老板黄西洲，按规矩，到洪都会馆大拜财神爷，恭请黄金喜喝酒、听唱戏，自己陪。这次没请到赣剧，黄西洲又一遍遍包涵，甜甜地将戏单捧给大先生，说：“这一班京戏，南京专门请过来，有一点名气。”

大先生嗑把瓜子抿口茶，非常随和地说：“你们点。你喜欢的我更加喜欢。”

在乾隆年间，四大徽班进京，京剧开始形成；在光绪年间，常州木行的徽婺帮，又被江西老表换成了主角！到了20世纪20年代，常州木行已经超过120家，老表仍当着主角：洪都会馆特辉煌，赣州、龙南、临清等会馆也展现；非官非宦的黄金喜，被尊称为“大先生”，继而被称为师伯、师爷爷。永丰盛在常州木行挂头牌，捧一笔“空股”，送给大先生也很习惯。

普济街的对边，永丰盛的三大间排门，工人、职员、襄理、经理等都供应午饭。爷爷这天吃过了午饭，在普济街边转了转，在鲁家巷口晃一晃，晃到永丰盛后院，突然间，看到了大先生，他躺在藤躺椅上装模作样地捧一张报纸，并念念有词。爷爷瞟一眼，麒麟早露出马脚！他拼命忍着笑，鬼使神差回转身，悄悄地向大先生讨好了：“您的报纸颠倒了。”

黄金喜面不改色心不跳。他弹了弹报纸，说：“我是特意颠倒报纸念一段书听听的。你看你，将我的心绪破坏了！你念点我听听，让我听听错没错。”他一招回马枪，轻松地就将爷爷吓出了一身冷汗。

念过私塾总有点本事。爷爷静静心，抑扬顿挫念了一段报。

黄金喜拍手击掌说：“好！你再给我念一段听听！”

爷爷要回柜台打算盘。念过这一篇新闻，正要走，黄金喜又喊“好”，又喊爷爷再念一篇听听。钱立峰来找爷爷，发现大先生正兴致浓，也就招呼爷爷继续念。黄金喜喊着“好”……忽然间，他“呼噜呼噜”睡着了。

第二天，黄金喜吃过午饭，又躺进藤椅。爷爷也进了后院，而且带一份报纸——都是经理特意关照的。爷爷自是兢兢业业，每一次总念到唇枯舌燥，又亏每次黄金喜“呼噜呼噜”，“通知”他离开。

爷爷天天念报纸，每天挑两个新鲜的，恰如其好讨大家欢喜。人家忽然发现爷爷蛮清秀，做事也乖巧，钱立峰经理也仔细观察。那一天，黄金喜要回南昌老家住一阵，钱立峰也就让爷爷在永丰盛招待外地的客人，陪吃陪住陪他搓麻将。黄金喜回到常州后，没再去麻烦爷爷念报纸。

小街麻石板

解放初期的常州地图，同样留下许多历史。譬如北门外的青山桥，连接着后街，清末民初的临清会馆就建在后街；城市许多私房，解放之后都被市政府改造，临清会馆也被改造为公房，租给穷人住，或者分给居委会当办公室。改革开放之后一一改造，山桥，后街、前街早拆光，已经变成了高楼；临清会馆被列为文物，又单独留下。

老地图的后街，又有一条铁路线，后街再往东，就连接无锡。这张地图没细标无锡。若细标，就要直接标江阴，标上璜土镇小街。我念小学之前，母亲带着我，沿着青山桥后街，还真走到过璜土小街。似乎有点远。小街麻石板，街心200米不满，静静地，已经卧躺上百年。街心两侧的排门，一间连一间；排门有矮楼，难分出仲伯。母亲告诉我：早上卸开了排门，十家九家会摆起店铺。1952年之后，这些店铺基本关了门，不复存在了。你且看一看——

十点多钟，赶市的乡下人一群一群的在街上走过了，他们臂上挽着篮，或是牵着小孩子，粗声大气地一边在走，一边在谈话。

（这些乡下人）懒洋洋地走到斜对门的裕昌祥铺面前站住了……裕昌祥左右邻的生泰杂货店万甡糕饼店那就简直连看的人都没有半个……

时间渐渐移近正午，街上走的乡下人已经很少了……

这下午照例和上午显然不同：街上并没很多的人，但几乎每个人都相识，都能够叫出他们的姓名，或是他们的父亲和祖父的姓名……

…………

这是茅盾先生写的《林家铺子》，讲的是1932年，日本人到中国来发疯。假如正常地生活，浙江的小镇、无锡的小街，大家排门应该差不多。

或遗落，或变换，璜土的诸事竟始于安徽，与常州相连！

光绪皇帝1908年驾崩。我的太爷在璜土镇小街，3年前过世，他将独生爷爷“两房合一子”，也十分果断，已经传给太爷的大弟！太婆单身独居大排门，也命里注定。

宣统登上皇位那一年，太爷的大弟已简称“太爷”。他凝视爷爷：十亩田里一棵苗。14岁的人，怕狗叼、怕猫衔，依然担心系裤带！他忧心忡忡，更谆谆教导：“我家守的杂货店，发不了财，也不饿肚皮。你切记，平平安安就是福！”

小街的麻石板东边，太爷卸下大排门，先要摆开杂货店。茶馆店在斜对面，一上午最忙，几个乡下人都赶过去喝茶。乡下人种菜、种田，小街上石板、排门，隔壁隔户，一点不稀奇。午饭前，茶馆空闲了，店铺更空闲，爷爷都没啥兴趣。天热了，太爷吃过了午饭，喜欢搬一张藤椅，躺在柜台边上打瞌睡。爷爷不念私塾了，他会搬一张排门，躺在太爷的旁边，闭着眼睛听知了唱调，或者张大眼睛看麻雀打架，皆不亦乐乎。

酒香不怕巷子深。璜土小街的后街，午饭后，麻将馆总爆满人。搓麻将、抓纸牌的小打小闹；打牌九、掷骰子的大来大去；想赢不想输，轰轰烈烈奋战不懈的，经常到半夜！爷爷耐不住寂寞，且非常聪明，十四五岁玩骨牌，他闭着眼，也能摸起“东风”“七筒”“九筒”来！

太爷一咬牙，就在爷爷15岁那年，将他送到长寿镇，在永丰木行学生意，学记账、打算盘，创家业、传下代，大有不遗余力的无畏精神。

爷爷很顺利地挣起了银圆。在1916年，太爷一番张罗着，让爷爷成了婚。爷爷20岁。奶奶也20岁，大几个月，但温顺，白皙。小暑里，奶奶换下单布衫。太爷无意间，也很兴奋地察觉到她肚皮变大了！到年底，奶奶简简单单生下了父亲。“两房合一子”的太爷特幸福。他花了一笔银洋钱，摆足满月酒，撑起了面子。

眨个眼，父亲已经两岁半，奶奶依然简单地生下了大叔。太爷的第三代，有了两个孙子，他很兴奋，更得意。全家三代六七个人，老的老，小的小，提不上发财，有的是开心。

在1920年，永丰木行竟然关门了！爷爷失业后，到处寻找木行的生计，又发现江阴有点名气的木行，已被常州的挤得寥寥无几了！

奶奶开始浆洗缝补换取一口米。太婆代她收、替她送，协力多挣一口饭。太爷却没有料到，爷爷过了年，竟钻进麻将馆打牌九！杂货店里的小角子、大铜板，还有银洋钱，稍不留神就会飞进麻将馆，变成筹码！

太爷的杂货店清闲，只不过，多少也进货。以前缺银圆，商家也肯赊贷，然而今天的商家，热面孔已变成冷屁股！太爷咬碎牙齿往肚里咽。咽到1922年，他摇摇头，索性不再熬，将三间老祖屋，划给了爷爷。

常州的祖屋，就在青山桥后街，跟老表临清会馆是一条街。父亲在解放前，到青山桥的祠堂里，请到了新的汪家谱；解放后不久，谱子被销毁，母亲讲起便都用记忆。后来我去上海图书馆，才总算查到——

汪家祖宗还真在安徽，在光绪初年，才到常州做木行生意；联起“徽婺帮”，又成为常州木行的主角。祖宗发了财，在青山桥后街造起了宅院。永丰盛在常州木行不知不觉挂起了头牌，常州当然变成了老表主角。为重振旗鼓，徽婺帮往江阴移，按规矩，我汪家祖宗在后街，自划分三家。太爷分到三大间祖屋，他划给爷爷，希望能继承发扬起光荣传统。

这天太爷还赶去后街，在临清会馆找两位老板，请他们推荐爷爷到永丰盛去挣饭吃。安徽人、老表家，都到常州做木行生意，啥感情，我没去研究。爷爷一家四口搬进了常州。后街属于北门外，永丰盛在西门外，一趟路，少说要半个钟头。爷爷“一没功夫二没钱”，一口随即戒断了牌九。他想有一点“出息”，坚决不允奶奶浆洗缝补挣小钱了。

进了永丰盛之后，爷爷专为大先生念报纸，接着经理便让爷爷招待起客人。常州老时代，爷爷的招待不过陪吃、陪去花柳巷，陪进卧榻对面打烟枪。爷爷第一次，招待的是无锡大老板。大老板在永丰盛的生意做成了，腾云驾雾自进入仙境。他较厚道，将一只烟枪还递给爷爷，指着剩下的两只烟泡说：“我想躺一会。你就着，自己抽两口。”

爷爷摸起烟枪管，接着真的抽了一口。璜土小街的大烟鬼，突然钻出烟雾站在卧榻边。爷爷吓得汗毛颠倒竖，丢掉烟枪管，簌簌发抖。父亲曾经告诉过我，爷爷以前认识大烟鬼，专门抽吸价廉、劲足的“红土”，一直抽到人家败落、老婆去逃命。没多久害病，死了三天才被隔壁人发现。爷爷去看热闹，看到一把骨头缩在破絮里，僵枯的爪子死活不放松烟枪，还笑他，没出息。

爷爷不敢望着大烟鬼。他闭着眼，哆哆嗦嗦地保证：“我再不抽鸦片了！”

以后好几天，爷爷招待外地大客人，陪吃请包厢白相，他自己只是处处求安稳。丹阳的老客这天又到永丰盛买杉木。爷爷陪他去花柳巷躺了躺。丹阳老客话不多，又去小烟馆买两份烟膏，就请爷爷面对面相互打烟枪。爷爷抽一口、吐两口地陪着老客。不知不觉地，这一次，他抽了两三口。璜土的大烟鬼露出牙，似乎又警告一次。爷爷死里逃生仍没有上瘾，也格外感慨。

三五次以后，这一天，没谁请他陪鸦片，他自己无缘无故地，忽然打起了呵欠。眼泪、鼻涕一下子又扑面而上了。爷爷想抽鸦片烟，但他顽强抵抗着，无数的蚂蚁，仿佛浑身上下开始不停地爬动……

当时的银洋钱，常州可买30余斤米，或10斤猪肉。爷爷在永丰盛的月薪原来是8只银洋钱，后来增加为10只。一家四口人，买油米，做衣裳，并不算蹩脚。爷爷刚刚抽鸦片，仍带奶奶上街买了好多洋布。洋布漂亮且便宜，一只银圆能买一丈二，父亲、大叔和奶奶，全都缝了一件单布衫。奶奶一直巴望好好过日子，只可惜……

爷爷招待老客人，陪老板，好多朋友妒忌他。大先生在那一天，漫不经心问爷爷："你的薪水多少银洋钱？一家老小够不够？"

爷爷面对大先生，哪里敢撒谎！他像戳中软肋，嗫嚅地坦白，更像裤衩都被剥光了。

大先生叹了口气，说："他们没有冤枉你。你记住，当皇帝、到民国，卖鸦片、抽土烟，都会害死人！要过好日子，你切记，只有戒掉鸦片烟。"

“福寿膏”迷魂

林则徐烧鸦片之前，印度种起的“大土”和“小土”都被英国人运往中国去做生意，疯狂赚银圆。

林则徐禁鸦片失败，清朝白花花的银圆加快往外流。官员索性鼓励百姓种大烟、争创收。漫山遍野的罂粟美丽又鲜艳。

罂粟盛开到了19世纪60年代，川土、贵土、云土等十余种烟土，纷纷扬大名。“熟土”卖得少，“生土”抽得多，又非常麻烦。爷爷招待客人时，抽“云土”：水调、纸淋、微火烤，烤成糖稀状膏子，再滚大烟泡……还真费功夫！

赚鸦片钱的日本人，在中国比贼还厉害。他们一看准旅顺，即寻位置，开起加工厂：不论英国运来的，还是清朝生产的，是“生土”，都收购，熬制为“熟土”，压平、切片，装起漂亮的盒子，最后题上好名字“福寿膏”，并漂亮注明：“开盒即食赐福增寿也”。

迷魂药，扮演天使的魔鬼。常州城里有多少欢喜、多少人刻骨仇恨？反正母亲恨透了爷爷。嫁给父亲第一天，她就敢咕噜爷爷“鸦片鬼”，爷爷也没啥办法。

爷爷自己请自己进烟土馆，并且尽情地腾云驾雾，清醒后，总是害怕陷阱深得拔不起腰，也就想戒烟。正好永丰盛又领薪水，爷爷一咬牙，咕噜着："这次再不戒，恐怕一世债都还不清！"木行打烊了。爷爷沿路还清烟土馆，又到后街的米店还了债，顺便称一袋新米，关照学生意佬往家搬。爷爷突然感觉"发作"了，急忙喊奶奶："你独自去称两斤油、两斤猪肉，顺便称点糖盐酒……"他一进祖屋就把自己关进了房间。

爷爷的眼泪、鼻涕开始不间断地发作了。喊呀挖，抓啊咬，翻滚连哆嗦……他熬着，异常艰难地戒鸦片烟。没多久，还是无法承受痛苦的折磨，他发着抖，不顾一切打开福寿膏，抽起日本人"赐福增寿"的"福气"。

爷爷的薪水是10只银洋钱，眨个眼，只剩2只连带4个角子了。爷爷继续抽鸦片。抽到一年半之后的1925年秋天，他的三间汪家老祖屋，只好典押了。小院葡萄藤环绕。奶奶在后街，正浆洗缝补寻铜板。她听到典押，一时呆呆的，还真吓坏了。爷爷仍在青山桥，就是天皇堂弄的一间大院里，租下两小间偏屋。奶奶的脸，与父亲、叔叔一人贴一边，无声无息流淌着无数的眼泪。

爷爷搬家时，父亲念起二年级。到深秋，奶奶又怀孕，更烦恼。到了1926年，农历仍是辛卯年的腊月十二，永丰盛打烊，爷爷在回家路上，顺便买了一小包鸦片。只是没料到，无意间竟然碰到大先生。来不及避让，他弯下腰，只好一遍一遍拔鞋子。

在腊月十五，钱立峰经理客客气气地端掉了爷爷的"饭碗头"。据说大先生花费过三言两语。爷爷嘀咕："我招惹了大先生，有了理，也没说理处！"阴云愁雾回到家，父亲已经放中学，坐到台边上，捡一筷青菜扒饭吃。叔叔出麻疹，奶奶舀粥喂他喝，突然看到了爷爷，有点慌："我没烧菜，替你煮一碗面，煎两只荷包蛋？"

爷爷说吃过了。他回到房间，取出烟枪躺床上，抽起了烟泡。

父亲的饭吃完。奶奶替他抹抹嘴，再拎起书包，悄悄地说："你爸有心事。你到同学家去玩。"她的心事也不小：叔叔的麻疹透不出，要紧请郎中！瞄了瞄爷爷，他蜷缩在床上，似睡非睡活像一只大草虾！于是抱起叔叔坐门口，等爷爷。

爷爷离开了大床。以为他要赶去永丰盛，奶奶连忙说：我要去看郎中，还要去买米。奶奶不到山穷水尽绝不会张口。爷爷给她一只银洋钱。想了想，又添两个银角子——祖屋典押留下的银圆，已经不满50只。

郎中把了把脉，又掀开叔叔眼皮：发烧、抽搐、嘴唇皮泛紫。他摇摇头，自己配一把药草，对奶奶说："要靠菩萨去保佑了。"

奶奶梦游似的回到了天皇堂弄，她抱紧叔叔不停地求菩萨。天已经半暗。父亲饿瘪肚皮不敢喊奶奶烧饭。看到厨房留着两只僵麻糕，他偷偷嚼掉了一只，剩一只"留"给奶奶吃。奶奶还在求菩萨，父亲开始陪着奶奶念，只不过，三遍没念完，他就一觉睡到大天亮。

爷爷是那天半夜回的家。下午他先去开泰，又去祥丰、乾丰顺。常州三家木行的经理，爷爷都熟悉。三家经理竟然一致讲：人不缺。爷爷又寻了两家木行，还是"不缺人"。木行快要打烊了，爷爷已显得憔悴。他端一碗阳春面，接着躺进烟土馆，上天入地、糊里糊涂就到了深夜。第二天，他仍去"上班”。常州的木行百来家，他就不相信，寻不到一个饭碗头！

过年了，爷爷一直没有寻到饭碗头。起先奶奶已有所察觉，如今被点穿，她更加震动。叔叔病好了，变成了哑巴，奶奶还得残酷地接受折磨。

爷爷依然雇辆独轮车，让奶奶抱着叔叔坐一边，父亲坐在另一边，推到璜土小街去拜年。他也一路走进青石板。父亲记得很清楚，说是过年前，太爷已经关闭杂货铺，存货都清仓，想多留点养老钱。

接着又到三月三，冻得眼睛翻呀翻。大起肚皮的奶奶，这一天，生下了二叔。汪氏宗谱说她第二天因劳累过度、产后失调于1926年5月去世。族人资助奶奶安葬于火车站以北。

姨婆、婶娘目睹过奶奶去世。母亲说，她们讲的作孽得多——

奶奶当时躺在大床上，淌起的血不算小。她心底淌的血，更厉害：爷爷还是寻不到生活！还是天天抽鸦片！祖屋典押留下的银圆，已经不剩10只银洋钱！

爷爷陪着奶奶充满信心地说：“好手好脚活在世界上，我也早晚有出息！生三个儿子，老大聪明，老二哑巴，老三小狗小猫一样活！我愁啥？”

奶奶费劲地对爷爷说：“我要睡觉了。明天你还要去寻饭，快睡吧。”

爷爷回隔壁，与父亲、大叔睡一张地铺。醒过来，天已经大亮。奶奶喊父亲：“粥，熬好了。你快点喝饱了，去念书。”

奶奶大清早下床，熬上粥，费去多少点心血，爷爷竟一时忽略。喝了碗粥去寻生活做，不知怎么的，他突然怕饿死！米行、油行的生活，他都想做了。父亲喝完粥，挂起书包钻到床沿边，依然喊奶奶“再会”。奶奶招招手，让他换一身衣裳。侧过身，取出破木梳，又替父亲梳了一把“小分头”。他走后，奶奶闭目养神了一会，一咬牙，换套衣裳居然上街买回一篮菜！她还买了6粒洋糖，全都塞给了哑巴。哑巴含一粒、捏两粒，格格笑不停。

奶奶软绵绵地躺倒在床上，顺手抱过二叔吮着奶，不知怎么她也睡着了。醒过来，二叔已经睡着。奶奶于是又下床，先蒸爷爷爱吃的咸鱼，烧起父亲馋嘴的红煨肉。她还炒了青菜、油豆腐，烧熟饭，才坐台子上，给自己端了一碗水，心平气和地喝了一个底朝天。

奶奶的碗里，都是泡透了的鸦片烟。父亲放学回家时，她已蓬头垢面仰躺在地板上，不能翻滚了。奶奶睁大眼睛离开了人世。父亲拼命拖拽奶奶的胳膊，哑巴哇啦哇啦不断哭喊着……

汪氏家谱记载二叔“出生后送人抚养，不知去向也”；记载爷爷仍“失业”，生活“无着落”。曾经目睹过的姨婆和婶娘，也告诉过母亲，奶奶去世后，爷爷做起了米行生活，管记账。他依然抽鸦片。他租赁的天皇堂弄房间，已付不起房钱，但房东还是给面子，让爷爷、父亲和哑巴暂时寄住客堂间，打地铺。

念书没人照理，父亲的前襟很快积满了污垢，衣片挂得一爿爿。饱一顿、饿一顿地熬到放暑假，父亲从头到脚已长满疖头。暑假热煞人，他的小腿开始淌黄水，太阳穴的热疖头更臃起脓，阎王老爷准备索取他的性命。这时候，青山桥祠堂几位大先生，没麻烦爷爷，便将父亲送去贫儿院，保住了性命。

到八月廿三，爷爷仍在常州的米行里记账，从江阴璜土赶过的叔公，告诉爷爷“太婆过世了”。叔公说，太婆一直生肺病，煎药喝了四五年也没派大用场，等等。爷爷说去璜土送太婆，结果没送她。九月十九叔公又赶去常州，告诉爷爷：“太爷爷有好多话，想跟你讲讲。”

这一次，爷爷没半点犹豫。他卖尽家中所有的物件，带着身边剩下的哑巴叔叔，逃也似的回到了璜土。

温柔再一刀

爷爷23岁从江阴迁移到常州，五年后，又返回璜土。踏进小街青石板，他回忆柜台门前看麻雀打架、躺在排门口听知了不停叫，淌满无限的悔恨。他像被魔鬼灌了迷魂药，饥寒交迫加一世作孽！

爷爷推开了排门。一股霉蒸气，冷冷扑进了鼻腔；脚下的地砖，湿漉漉的像渗水。杂货店里的尘灰铜钱厚，攀断的木拖鞋，缺口的瓷茶缸，还有两把夜壶、一只小瓮头，瘪三似的蜷在货架的底层。哑巴叔抓紧爷爷的长袍，咳嗽也不敢出声。

爷爷听到太爷问起“谁”——先有气无力，接着撕心咳嗽、裂肺般喘气——一下冲进了后屋。太爷的手肘，撑起半只干枯的身子，皱脸贴向肮脏的木盆。见他吐出一口血丝的浓痰，爷爷哭腔道：“你先喝口水，我请郎中去。”

太爷面对木盆乱摆手，喘着气：“不请了。不请郎中了。”抬头发现是爷爷，他眼皮一耷拉，随即歪倒在枕头上，呼噜呼噜地拉起风箱。

爷爷只好说，赶到上海去请外国医生吧，啥病全都看得好。

太爷不说话，刀削的脸颊滚满了黄豆大的泪珠。知道被他伤透心，爷爷还是壮起胆，说：“你看病要紧。银圆不够先典押房子，以后赎回来……”

太爷睁开眼，混浊的眼珠盯住了爷爷，郁积的怨恨还是迸出岩浆的火山：“我天天巴望汪家有出息，哪晓得，已经被你败得差不多！房子就只剩下三五间，你想全卖光，抽鸦片？怨我啊，都怨我不好！”

太爷那些话，爷爷是在解放后、去世前才告诉父亲的。我分析，太爷培育着“汪家出息”，不过期望爷爷守祖屋、造大院而已。太爷还是“没出息”，爷爷更“没有出息”，连璜土小街的老屋也都卖光了！爷爷还闪烁其词地对父亲说：“逼得无法！我逼得无法啊！”

爷爷回到璜土的两个年头，用尽太爷留下的银圆，还借下叔公一笔。只不过，都是正经事。譬如料理太爷的后事，多少还撑起“风（坟）头”；再譬如，爷爷很快续弦了。太爷去世不久，哑巴叔叔咳嗽了，且变得厉害。常请郎中付不起银圆，即使付得起，爷爷也没工夫去照料，隔了年，到了1927年，叔叔也去世了。这年爷爷31岁，续弦的芳龄17，名叫陆巧珍。有头有脸有家产，续弦或娶妾，可谓和睦且平常；爷爷大烟鬼落魄，那又得靠叔公撮合，靠叔婆缘分，更靠“父母之命，媒妁之言”的古训。

陆巧珍自此成为我的继奶奶。叔公叔婆投入多少心血，亦可想而知。

继奶奶当初啥模样？母亲第一次拜见公公、继奶奶时，她“看到这一对活宝”，忍俊不禁“差点笑破了牙齿”。20世纪中叶的电影明星韩兰根、殷秀琴，也是演滑稽的老搭档！“韩兰根精瘦，‘鸦片鬼’也一样精瘦”；“殷秀琴肥胖，17岁时体重便超过180斤，擦大便也得家人帮忙。她的档次差一点，但160多斤的身坯，仍让老街小伙子却步。”

太爷杂货店的斜对面，就是爷爷的新丈人陆老板家的茶馆店。继奶奶从小生长在茶馆里，嚼舌头挤满，人家说啥她早不在乎。譬如水烟筒，她当小姑娘时就捧起；抬来两箱嫁妆时，她悄悄地，又塞起两管。白铜的，刻了一对鸳鸯在戏水；黄铜的，有两只喜鹊闹枝头。结婚第二天，继奶奶又听到爷爷打哈欠，知道鸦片烟发作，便从箱底摸起水烟筒，又跑进披屋，倒来一碗水。看到爷爷提起福寿膏，准备抽，继奶奶已注入烟筒储水仓，将白铜管子递给了爷爷，说：“抽鸦片太贵，你抽抽水烟筒？要便宜许多，味道也不差！”她握起黄铜水烟筒，面对着爷爷，咕噜噜地先抽了起来。

爷爷品两口，水烟里面还有甜味，不由问继奶奶：“哪里买的甜水烟？”

继奶奶得意地笑道：“明天再请你抽薄荷烟。”她抽水烟是高手——往储水仓里注入白糖水，烟穿出，抽进嘴巴自有了甜味；若用甘草薄荷水过滤，抽得清凉还能够解渴。她一次一次变换储水仓里的水，没多久，还真让爷爷冷落了鸦片。

璜土青石板上的太阳照着，太爷留下不多的银洋钱让爷爷、继奶奶暂时还能过悠闲的日子，无忧无虑地享受。这一天，他们又睡到10点多钟，斜对门的茶馆店，也有了空座，于是一人捧一只烟筒，懒懒散散晃进了茶馆。丈母跑堂端给他们两只小茶盅。爷爷恨的是，茶客留的茶壶里，丈母续满水，竟然端给他们喝！中饭时，陆老板又直接说：“今天就不请客了，也就剩两碗饭。”

继奶奶气疯了，当下断了娘家的路。饭还是要吃。爷爷涎着脸晃进隔壁的叔公家。叔婆不等他张口，自讨起旧债。叔公话里有话地说道：“拿不出银圆，你真的想用老屋去抵债？”

爷爷自恍然大悟，他也很快走到“华山一条路”。

叔公接收了太爷的老屋子，他找给爷爷几十块银洋钱，念着一脉兄弟情，还给爷爷留下一间老屋子，说：“你啥时不想再住了，丢给我就是。”继而叔公“九九归一”打通隔壁的板壁，得意之状犹如一统江山的皇帝。

太爷的老屋究竟值多少银圆，爷爷不好意思去计较。他跟继奶奶一起，仍安逸捧上黄铜管、白铜管，换着味道抽水烟筒，之后却居无定所了。母亲结婚那一年，爷爷的住所更简陋了，门口有张八仙桌，动一动，也晃荡；母亲来探望，见他们一人一只水烟筒，坐在八仙桌两边，更像等候供奉的两尊活菩萨。母亲对俩人“吃喝玩乐”充满厌恶，于是对父亲咕噜：“两个二流子，碰到了一起！”

父亲发迹后，首先赎回的便是青山桥后街汪家的祖屋。之后他在常州造起一幢小洋楼。叔公叔婆不知何处得到消息，从璜土一次次赶到常州城，好几次，竹篮子里还拎着蒸糕，拎着糯米粉、团子等。他们更多地还是诉说历史，当初他们是怎么接济爷爷、继奶奶，让他们没有穷困潦倒的，还表示愿意将太爷的老房子全部腾清，交还给父亲。

父亲心里很明白。每一次，他也总让叔公叔婆欢天喜地回到青石板。

父母少年梦，冷暖人间

“冷”中的暖

在爷爷、奶奶那个时代，那样的生活，幸亏让父亲长到了12岁；还幸亏，青山桥祠堂的大人搞联署，办贫儿院，这才保住父亲的性命。父亲去了贫儿院，多亏野郎中操一把小刀，挑开化脓的疖子，洒上白粉末；没脓的疖子，抹上黑膏药。天气慢慢凉快了，父亲的疖子结痂，脱痂后保留着光亮的癞疤，最大的很像椭圆形印章，永远盖在父亲的太阳穴旁边。

有记载，常州贫儿院于1923年创建，国民政府没拨一文钱，全靠乡绅巨富筹银圆。初创31位院董事，个个出手都不凡：中国银行广东分行行长冯晓青退休后，捐出银圆3000两，任院长；同是官宦出身的伍琢初，捐2500两，首任副院长。印尼华人金启生，向南洋侨胞劝募到10余万两，更是建起一幢阶梯式的教学楼。

还记载，贫儿院设小学部，增设职业部，重点培养贫儿谋生的技能，相当于高小课程。到了1930年，又增设起女子部，还附设技艺厂，聘职业技师教授织布、印染、缝纫、刺绣等技艺……

父亲进贫儿院的小学部，勤奋学习三年，于1931年高小毕业。

胡平1930年才出生。常州日报的记者有一年专程到北京去采访，胡平已80余岁。他回忆，他的父母不幸于浙江双亡，其姐姐已进上海诊所工作，于是通过武进商会会长蒋克定，把他送进常州贫儿院……

父亲曾与胡平相识。那一年，他偷偷向贫儿院捐过几只银圆，还曾招呼胡平"小学弟"。当时胡平在小学部，"武进的蒋会长，让他在自己的'春和纱号'吃住"等，胡老都记忆犹新。

父亲对贫儿院更是记忆犹新。他说学费书费全免，无偿供食宿。五湖四海人（小孩子）一多，善款难免不够用。他当初一床被子薄薄三四斤，半条垫半条盖；三九腊月天，扛不住，只好棉衣棉裤裹住被子一起睡。一年四季的下饭菜，不是煮萝卜，就是煮青菜；大师傅在大锅里，舀上几调羹生豆油，大勺子里搅一搅，也就沾上油腥味。只不过，米饭稀粥不限量，一日三餐还均匀，父亲、张老二等贱养，渐渐地都显出了血色。

胡平在读高小的时候，贫儿院"无偿供食宿"的条件更"艰苦"：一条草席、一条破被；大多睡地铺，喝大锅菜汤。比起"流离失所、衣不蔽体、食不果腹"的生活，仍要好得多——还可以读书。

胡平便如此回忆：他高小毕业后，又有好人助他读初中、读高中，让他黑暗当中"萌生寻求光明的念头"，义无反顾参加了革命——后来担任福建省省长等职。父亲哪有那么远大的理想，1931年15虚岁时，他鼻子底下只想学生意，寻一口饭吃。爷爷的饭碗还是被大先生给砸掉的。但他还是幸亏大先生随便递一张名片，进了西仓桥，进了源丰恒，学起木行的生意。父亲自感恩戴德。母亲后来遇到大先生，从来也是一副谦卑相。

源丰恒的老板大名景杏生。那天他琢磨了大先生的大名片，即收下父亲打杂差，让他擦桌、扫地、烧水、端茶……当时同样离开贫儿院的张老二，也由董事介绍去了一家木行学生意，只不过，张老二要帮师娘抱孩子，要端老板的洗脚水。没有满半年，他当即又被师娘逐出了师门，重新寻生活。

——张老二的老子常在常州贩木头。他时运不济，银圆赔得精打光，在寻死之前，设法子，单让老二住进洪都会馆一晚上，由此也被大先生送贫儿院——

张老二再学木行。再往后，他仍在常州，以后再当父亲的搭档。

仍讲父亲学生意，“吃三年萝卜干饭”，也算有福气；若讲苦，比起贫儿院的三年还更苦！以为父亲是孤儿，景杏生让15岁的父亲，单独睡到店堂里，顺便看守大门亦一举两得。父亲很听话。他白天手不停、脚不歇地做杂差；行里要打烊，他再一爿一爿上排门。全部离开了店堂，他又摆开两张长板凳，搭起门板搁被头铺盖。深秋不太冷。进入腊月里，在贫儿院他还能穿着棉衣棉裤钻进小被窝；实在冷，宿舍有八个孩子，还能相互拥抱焐热气。父亲去了源丰恒，棉衣、棉裤、孤单的铺盖，捂紧被头还是摸不热屁股！三九天的半夜里，当然时不时冻醒。

这一次，父亲更像跌进冰窟窿，跑，没处跑，躲也没处躲。这次他也发挥创新力，将小屋的行灶，拼命移到门板边，再捧豆萁、木柴爿，烧起铜壶的开水。火被烟盖没，呛出眼泪；呼啦啦地又窜火，掠过头发梢。铜壶很快烧滚水，父亲不灌热水瓶，只管烘手焐面孔……父亲不再觉得冷，眼皮也快抬不开。

源丰恒木行的生意，代销为主，佣金小，只不过，小鸡啄米又粒粒下肚。这天景杏生醒来，正想向江西老客要结账，脑子里，也就拨起好几笔算盘。好像轧不平，转啊转的要紧起床了。他已准备好，先到源丰恒去对个账，再回马复兴，捞一大碗大肉面。哪知大房门一开，寒风扎面孔，顺着下巴滑领口。他忙缩回家，戴起罗宋帽，裹紧大围巾，双手拢住棉袍的袖管，再赶去木行。

景杏生望到源丰恒好像弥漫着烟雾，他不由得加快了步伐，嘴巴、鼻子喷热气，眼镜也起了迷雾。擦了擦，他看清了，木行的排门口已冒出灰烟和黑烟，还能闻到烟火味！他跌跌撞撞扑到排门口，手臂软瘫了，便背过身，后背敲着后脑勺，一下一下拼命敲。

父亲躺进铺盖，蒙上被头深睡。没多久，就被排门敲惊醒。他赤脚跑去才开闩，景杏生一个趔趄，已撞开排门。望着行灶膛里的余烬，望着行灶旁边几只热水瓶，他的屁股墩于是重重落进铺盖上，再念起阿弥陀佛。

父亲已不知所措。穿起破棉鞋，还是看到铜面盆，于是捧面盆、倒热水，加上白毛巾，诚惶诚恐端到景杏生身边。再挪走行灶、水壶、热水瓶……

景杏生缓了一口气，厉声吼："谁让你到店堂烧水的？万一着火了，怎么办？"

父亲垂着头哆嗦。寒风里一吹，发抖更厉害。景杏生动了恻隐心，还是抬高了音量："你说啊！哑巴了？"

父亲战战兢兢地说："冷。我怕冷。"

"有铺盖、有被子，你还冷？"景杏生的肥厚手掌先拍拍铺盖，再拎拎被子——被子的被絮已散落，又聚集，就是散发在被子两三处的角落间。只不过，他也没再说，棉袍紧裹，手笼进袖管，晃去了马复兴。对账他也忘记了。

父亲说，那一天，他像等宣判——十年八年不要紧，只巴望，不要"枪毙"他，当面卷铺盖。

父亲惶惶不可终日熬到了打烊，并上了排门。景杏生也真的喊他"走"。带着他，走到大院边，又喊他站在边上，不要动。

父亲缩头缩脑四周张望着。夜冷冻死人，他不由跺起了脚板。

景杏生夹着一条旧被絮，过来递给父亲，说："（师娘）已经晒过了。她关照你，垫在被头的里边。我家还有一条絮，隔天翻出来，她讲再晒晒，会给你垫铺盖的。那几件衣裳，你也要穿。"

抱着旧絮、旧衣裳，闻着太阳晒热的香味，父亲的眼眶还是涌出了眼泪。

这一年，父亲15岁。

“暖”中的冷

解放初期的著名小说中，描绘解放前的穷苦人，都有“没有钱、没书念”的故事；也讲穷人“偷念书、求发展”，进而“闹革命”。常州上海那一路，我了解一些穷人，能念一丁点书的男人其实不算少——

母亲在旱桥头的棚户区，总讲宋庆龄小学校，穷人念书都不收学费；闸北区的华界小学校，1931年已不止160所。公办、私立任挑拣，不收择校费；公办的学费，一学期五六斤米钱，若申请，也可以免缴。

秋风阵阵，母亲8岁那一年，她张望姐妹结伴上学，或抱着大姨，顺风听起读书声。并非外公付不起学费。我在很久前，已经听惯母亲谴责外公、外婆的声音：“他们重男轻女，死要钱！从小就拿我当用人！”

母亲90岁那年，又控诉起刻骨的怨恨。于是我向母亲开起了玩笑：“你太懒，不像真想念书。真想念，你一天认上一两个字，花上40年，肚子里的字编不成《康熙字典》，也能编本《新华小字典》。”

母亲愣了愣，醍醐灌顶：“倒也是！还真没想到！懒，是我懒。”

母亲真的认了“懒”。母亲认到仙逝前4年，凡诉说她没有文化的痛苦，已经不再责怪外公不让她念书。但母亲仍埋怨外婆，说自从她7岁起，外婆就让她进大灶头炒菜；锅铲碰不到锅底，她只得端上一张小板凳。吃完饭，一大堆饭碗洗干净，她才想去大门口转一圈，外公张开了喉咙，又喊她进后院去帮伙计捡垃圾！外婆还要关照母亲：“捡垃圾，你要留一只眼睛，随时看牢弟弟和妹妹。”瘸子那些年，还在垃圾店帮忙，他操起生硬的上海话，很疑惑地问老伙计：“伊是老板娘的囡唔（女儿）还是养媳妇（童养媳）？”

若讲外婆不心疼母亲，不客观。手心手背都是肉！但母亲里里外外忙得没闲时，外婆依然不让大舅插手做一点小事，也绝对真理——供长子念书，由他去继承家业！她被母亲咕噜得烦恼，也不骂，好言好语仍劝导，说：“女孩念书有点啥用场？我一个字不识，不是照样称垃圾！”

“阿华、阿三头家的姆妈和爸爸，不是都送她们念书了？”母亲说。

“你不想烧饭吃？不想再带弟弟和妹妹？”外婆压低喉咙讲。

“不关我事！”母亲喊着丢下了大姨，号啕大哭，活像中了邪。

外婆不忍心责骂。她转身找起一块布，背着大姨，急忙回店堂去掌秤收垃圾。大姨在背上睡着了。大舅放学了。望着母亲仍抽泣，外婆想说啥，还是没说。母亲像被提醒了，她围上补丁大围腰，手忙脚乱烧起了晚饭。

这天外公赌赢了钱，很高兴，看到母亲肿红着眼睛，也就问她为什么。母亲用破袜改成的护袖又抹起眼泪。外公又问外婆。外婆说，还就想念书！外公说："你真的想念？太容易！从明天起，晚饭之后我专门教你！"

第二天，母亲嘴巴唱、走路跳，欢乐胜小鸟。外公晚饭时要喝半斤老陈酒，这次他还没尽兴，母亲不用他吩咐，重新热菜一遍一遍端过去。忽然想起母亲的心思，"实在太累"，外公说，"明天我一定教你！"

母亲开始盼明天。明天复明天，她还真的盼到那一天：外公仍喝酒，仍坐饭桌上，真的教她念书了！"人之初，性本善。性相近，习相远。"四句话，十六个字，外公教她念三遍，再伸出食指，蘸蘸黄酒在饭桌上，写下了一个"人"字。

这一课，母亲刻在脑海里，回忆也非常清晰：外公边教边喝酒，口齿有点不清了，依然"先撇后捺"教她写，教她念：人，"人之初，性本善"里的"人"，大人的"人"，小人的"人"。母亲也蘸一碗清水，先撇后捺，一遍一遍写着"人"。到后来，她模仿私塾的调子，更有一点上海味：人，"人之初，性本善"的人，大人的"人"，小人的"人"。

母亲的"调头"念到90岁，我记得，那天她在看电视，看到钱文忠讲《三字经》，念起了"人之初"，她情不自禁跟着念："性本善。性相近，习相远。"念了好几遍，似乎不过瘾，回到房间去睡觉时，唱歌似的还在念。

外公给母亲上过第一课以后，晚上开始喊起"累"，仅两次，还是教母亲复习，写"人"，念"人之初"。没多久，垃圾店被日本人炸毁，外公自此没再提起念书。母亲依然洗菜烧饭带弟妹，眨个眼，已经14岁。大舅高小毕业后雄心勃勃回常州，已学起木行生意；外公对发展自家的垃圾店也充满信心。而外婆，除念书之外，她对母亲已言听计从，母亲差不多当上垃圾店的“内当家”。母亲13岁那年，寻张破牛皮，缝起一只小皮袋，将外婆递给她的银角子、大铜板和小铜钱，沉甸甸地塞了大半袋。家里的，伙计的，十五六个人的伙食，柴米油盐酱醋，豆腐青菜肉鱼，已由母亲全程操办。

母亲每天取出小皮袋，数20个铜板去买小菜；回家择好菜，挽个大筲箕，再上洋井淘米洗菜跑两回。洋井上人多，她把筲箕放一边，还得拎水桶排队。宋庆龄小学校的念书声，经常被微风带到洋井边。母亲记得14岁那年，她打洋井水排队，最喜欢听“人之初，性本善”；很快会背“猫捕鼠，犬守门，人无职业，不如猫犬”；也喜欢听“鸠乘鹊出，占居巢中，鹊归不得入，招其群至，共逐鸠去”，只是听不懂，翕动嘴唇皮“瞎哄”。母亲“瞎哄”入了神，排她后面的阿婆把水桶装到洋井龙头下，一下一下按起了井臂。母亲被惊醒，拎起水桶挨上去，一跳一跳先帮阿婆按起洋井水，以免井臂再落入他人手中。

阿香姆妈每天也要上洋井。她看到母亲煞有介事跟着在念书，叽里咕噜猫念佛，蛮好玩。那一天，她摸起两只铜钱悄悄地对母亲说：“我和你姆妈是顶顶要好的朋友。你帮我到药铺去买来半钱苍蝇脑子、一钱蚊虫腿，我保证劝你家姆妈三天之内让你进学堂。”

母亲的欲望，就像木柴底下蹿火苗，一下呼得八丈高。她请阿香姆妈看牢水桶和筲箕，说：“我帮你买去！”拖着鞋子，一口气跑到老药铺，捏着铜钱踮起脚，笃笃敲着柜台嚷：

“称半钱苍蝇脑子、一钱蚊虫腿。”

“买啥？”药铺伙计侧过耳朵问。

“半钱苍蝇脑子、一钱蚊虫腿。”母亲用上海话说，“谢谢侬，快一点。”

药铺伙计不声不响转出了柜台。母亲听到身后有响动，回转头一看，药铺伙计张开两只老鹰爪，故意装腔作势扑向她：“啥地方来的野小囡，触我霉头是伐？捉侬巡捕房里去！”

母亲吓坏了，一声怪叫抱头窜出了药铺。伙计不放她似的，大喊“捉牢伊”，只不过站在药铺门口光跺脚。看着母亲跑过马路摔了个跟斗，爬起没站稳，跌跌撞撞又往小弄堂里钻，他才笑呵呵地走回柜台。

阿香姆妈淘好米，等了一阵不见母亲回洋井，便请刚到的阿婆，照看一下母亲的筲箕，自己回家烧饭了。晚饭才烧好，外婆找上门来了，急急问她看到母亲没。阿香姆妈暗呼“不好了”，强作镇静说：“我看到她在洋井口边淘米。”

她到哪儿去了呢？外婆自言自语，水桶筲箕都在洋井边。

阿香姆妈安慰她：“你放心。小姑娘能干，不会有事的。”等到外婆一离开，她拔脚就往药铺跑。药铺已打烊。阿香姆妈举起拳头拼命敲起了药铺。那个伙计探过头，没好声地说：“日本人又杀来了?！”

阿香姆妈的指头点着他鼻子：“你屙掉胆，青天白日的，也敢拐骗小姑娘！”

伙计瞪着阿香姆妈说：“侬人长得蛮漂亮，讲的闲话哪能介推板？”

阿香姆妈冷笑着：“你想赖？我看见小姑娘拿铜钱来，敲起柜台要买你的苍蝇脑子蚊虫腿！告诉你，我家老公青红帮，捆捆扎扎把，笃定扔你去黄浦江喂狗！”

伙计笑起来，说：“那个野小囡？我晓得，老早跑到对面弄堂里去了。”

阿香姆妈抓住伙计的衣袖，说：“你带我去找！”

伙计盯着阿香姆妈高耸的胸脯，不停闻着喷香的百雀羚，说：“我为啥道理要陪侬？寻到了，侬哪能谢我？”

见他色眯眯的公狗相，阿香姆妈吊起他胃口：“找到了，请你吃全肉大馒头。”

伙计真的挂上锁，领着阿香姆妈寻到小弄堂，寻到麻糕店，还真寻到了母亲：她双手抱双膝，刺猬一样蜷成团，缩在烘麻糕的大铁筒边上。伙计抓了一把阿香姆妈的奶子，兑了现，才指着母亲夸张道：侬看，侬看，就是狄个野小囡！

阿香姆妈顾不得发作，赶紧去搀扶母亲。刚刚弯下腰，母亲就像草丛的野猫，突然跳出去，凄厉叫一声，箭一般地蹿向小弄堂。伙计的老鹰一把抓得准：“勿要跑，勿要跑，跟我去拿苍蝇脑子蚊虫腿。”

又一声尖叫，母亲停止了挣扎，分量沉重了起来。伙计不由松开了手。母亲一下子竟然瘫软在了伙计的脚下。

死去活过来

那一天晚上，阿香姆妈就算没拼命，也是费尽脑汁，咬紧着牙齿，背着母亲送她回家。母亲已苏醒，看到外婆还眉开眼笑，告诉她："苍蝇脑子蚊虫腿，我都买到了！大人讲话不许赖。你会劝我家姆妈，三天之内送我去念书。"

母亲乱七八糟讲啥话，外婆糊涂了，觉得她异样。阿香姆妈才听已明白啥事，汗毛孔也一根一根竖起来，急忙哄母亲："妹妹呀，你早点睡觉。姆妈明天还要送你上学堂。"又转身，悄声向外婆"解释"：小姑娘没吃晚饭，饿昏了，讲起了瞎话。她不敢多讲，更不敢逗留；她说家里忙，告辞了。

外婆千恩万谢的，直送阿香姆妈到了大门外；外公寻了母亲一大圈，气喘吁吁的，也刚回到家门口，看到母亲已回家，他一股子火气，不免轰轰涌到脑门口，倒抓笤帚挥起柄，他咬牙切齿问母亲："你晚饭不想烧，死去啥地方玩的？"

母亲傻笑着，一步一步迎向他。外公的心头不知不觉发起毛，外婆更是有了不祥的兆头。这时候，母亲一声尖叫扑进外婆的怀抱，哀哀地大哭："你不要抓我！我要去念书了，你不要把我抓进巡捕房！"

外婆搂抱着母亲如万箭穿心！她淌着泪，轻轻拍打着母亲后背：“你不要哭，姆妈明天送你去念书，姆妈明天就送你去。”

母亲一下又推开外婆，摸起了口袋，念叨着：“我拿给你看，苍蝇脑子蚊虫腿，我真的买来了。你送我进学堂去，我已会写‘人’字。大人的‘人’，小人的‘人’，‘人之初，性本善’的‘人’。”摸着摸着又急叫：“苍蝇脑子蚊虫腿，被我掉到哪儿去了？不好了！我淘米时，掉在洋井边上了。”她拔腿就往门外跑。

外婆死死抱住母亲，放声大哭起来——那般哭泣她还是第一次。

母亲哭着笑着昏昏睡着了。

外婆眼泪汪汪的，趁机在半夜，走到垃圾店门口烧了一大堆纸，又在砖头缝里插上三炷香，向仙人、菩萨祷求了一番。接着又用棍子敲打脚炉盖，当当当地走到洋井口，走进小弄堂……一路敲，一路召唤母亲的名字，喊她快一点回家。长音拖曳、呼唤凄凄的，棚户区的夜空更是悲怆回荡。

外婆讲给我听过，母亲生病那一阵，已经没法买菜烧饭带弟妹，垃圾店里的生意变得也就特别忙。外婆跑前蹿后忙不停，忙到晚上喘不过气来，她还强撑着，为母亲接连喊了三天魂。

“喊魂”仍没有喊醒。外婆再请道士做法场，还是没派到用场。母亲“发作”的次数，一天要比一天多起来。外婆想不出办法，只好把她关在房间里，由她“作”。“作”得没力气，她自己，也会爬到床上睡一觉。

“作”了半年多，母亲瘦得没有人的样子了，奄奄一息，连喊“苍蝇脑子蚊虫腿”的力气也没了。外公叹口气对外婆说，有一位老先生，告诉了他一个老秘方，只要寻点马宝来，不见得比太上老君的仙丹更不灵光。

自古以来我国的药材，牛黄、马宝、狗宝并誉为“三宝”——

牛黄早已改造成人工。如今有名的是“牛黄解毒药”，同仁堂等闻名的药店，都有卖，且不贵。

狗宝有降逆气、开郁结、解毒等大功效。但何处曾用过？我多次查过新闻、网页等，暂时没查到。

有新闻讲，养狗人家多起来，一溜屠宰场，时不时也发现狗宝，一般指甲盖大小，可卖1万多块钱。

某些“药学专家”或“老中医”指出，狗宝确实有药用价值，但因为不能批量生产，很少有中医在临床中开这方药。自然喂养形成的狗宝，收购价格也一度被炒，高得离谱，由此“提醒”：市面时有以他物假冒狗宝而行骗。不懂行、不识货的朋友须谨慎收藏……

再就是马宝，俗称马粪石、黄药等，《本草纲目》称“鲊答”，主治惊痫癫狂、小儿抽搐、痈肿疮毒、神志昏迷及失血等。中医的现代理论讲：马宝在治疗神经系统疾病方面有很强的疗效……国内市面上马宝每千克一度到六万元天价……

外公当年觅遍了马宝。觅得没指望，也没跟外婆说些啥，自己去趟棺材店，为母亲定下一口不算蹩脚的棺材。

阿香姆妈也在这一天晚饭后，拐过洋井小弄堂，轻轻地又敲响药铺。

伙计拉开了排门，他迎上去，又甜腻腻地说：“侬想我了是伐？”

阿香姆妈关上了排门，透露消息似的悄声告诉他：“垃圾店里的小姑娘，被你吓出神经病，已经活不了几天了。”

伙计一格愣，也就忘记了碰她胸脯的勇气，说：“侬想我就侬想我，勿要瞎三话四，触人家小姑娘霉头！”

阿香姆妈说：“不骗你，这两个月，我三天两头做噩梦，总是梦到小姑娘寻我。”

伙计慌起来，说：“伊真生起神经病？作孽，作孽了！”

阿香姆妈又说：“昨日半夜里，小姑娘又寻到我，要我问问你，为啥要抓她进巡捕房。我不敢瞎讲，只好赶过来，让你自己告诉她。”

“侬的迭种闲话勿能瞎讲的！”伙计慌了神，已经不知说啥话才好。后来阿香姆妈不知怎么提起了马宝，他顿时又有话讲了——

“迭能介，小姑娘真的被我吓出神经病，我自己有两粒马宝，已经收藏七八年，侬先拿一粒给小姑娘。她吃得有用场，侬再来拿另一粒。我这个秘方，还是宫廷里厢流出来的，老灵的！”

阿香姆妈说：“不要给我。我喊垃圾店老板来找你。啥道理？你自己想想。”轻轻掐了他一把腿，又用劲亲亲他的脸。

伙计拍拍头，说：“对的，对的。我被侬吓得变成戆大了。”他说完，用更大的力气捏了她一把胸脯。

在那条“搜索”里，有现代的中医理论讲：马宝由于药源有限，临床少得几乎没用过……马宝的民间验方：有传说，其疗效也无限地扩大，能包治百病，甚至是恶性肿瘤……

然而母亲的神经病，确确实实是吃了马宝才好！母亲讲给我听过，她不知道外公是从哪儿取来的马宝。先吃过一粒，神智很快清爽了。第二粒马宝，母亲记得清清楚楚：鸽蛋般大小，青灰色，蛮重的。她说外婆先用小臼舂碎了马宝，再借研钵研起粉，灌进了瓶子：每顿用耳朵勺子挖一勺，调起温水让她喝。

母亲说，马宝有股尿臊臭，难喝得要命。她喝过马宝后不久，头发先是一把一把地脱掉，两粒马宝全喝完，她是头发掉得一根已不剩。后来有点力气了，大伏天，母亲脑袋上面扎一块头巾，才敢上洋井淘米洗菜。

母亲回洋井的第一次，就碰到阿香姆妈，而且马上回忆起她摸铜板，让她去买苍蝇脑子蚊虫腿。母亲接着想起药铺的伙计，老鹰爪……母亲将她的故事讲给我听时，每次都取笑自己，说她14岁的小姑娘，真笨！戆兮兮的还真的跑到药铺里去买苍蝇脑子蚊虫腿。有时候，又为自己的"戆兮兮"开脱，说，平时我蛮聪明的，那一次，就是想念书，想痴了。

外婆总讲阿香姆妈大好人，要不然，母亲早就见了阎罗王。外婆说，那天她进垃圾店探望母亲，听到外公寻不到马宝，母亲没救了，棺材已经定下了，她不但拦住外公狂喝酒，而且告诉他，她刚好打听到药铺伙计的身边，真的有一张宫里流出的秘方，专治神经病，能百发百中。

外婆在旁边，看到外公犹犹豫豫的，猛地虎起脸："赶快去讨讨！寻名医，不如碰一个郎中！"

讲起药铺的伙计，外婆也讲"厚道人"：外公跑过去，好话才讲两三句，他就将收藏了七八年的马宝，半卖半送交给了外公，还讲快一点灌给母亲喝。

后来阿香姆妈在药铺里跟伙计讲了些啥，外婆、母亲都没再提起。

绝处总逢生

到了1934年，曾经饱受神经病折磨的母亲，不但奇迹一般恢复了正常，而且出落成乌发飘逸、凹凸有致的17岁大姑娘。

外公另创一奇迹，并非让二舅念高小，而是让大姨，带着小姨一起念初小。

嫁出去的女儿泼出去的水，有规矩。外公和外婆，要将母亲似水一般“泼”出去，可真舍不得——母亲已经重任“内当家”，小舅3岁仍得要照料。外公外婆喝一口老酒，她仍去热菜，他俩由此越发烦愁——17岁的母亲到了出嫁的年纪，实在不小了。嫁不出去的味道，还真有一点！

父亲这年已19岁。他的手和腿，在贫儿院时暑天曾烂起黄水，学生意时寒天又溃疡冻疮，现在全都结成疤。他的热疖头也早脱痂，太阳穴边的癞疤仍光亮，像椭圆印章一般。

父亲在常州的西仓桥学木行生意，满师后，他仍在源丰恒，老板依然是景杏生。只不过，景杏生已感觉父亲有一点用场。譬如说，他写毛笔字蛮漂亮，不稀奇，稀奇的是蘸墨水，写起钢笔字！再譬如，他噼里啪啦打算盘，有本事；他“打百子”，打“九盘清”，闭着眼睛不错一颗算盘珠，更有点本事！

只不过，当面也讲起他“半哑巴”，背地骂他“阴死鬼”。不管讲些啥，父亲皆一笑了之。父亲满师后做记账员，按月薪，最少也要6个银洋钱。源丰恒的生意不算好，景杏生没好办法，就少付一个银圆给父亲；稍微翻个身，定全数奉还。后两句，他也没说出口。父亲本来“半哑巴”，那些事以后更不再提起。每个月，他赚的银圆只管用一半，另一半，也就是两只半银圆，他在夜深人静时，总躺在原来店堂的铺板上，一笔一笔数积蓄。数到20岁，积蓄要数一会了，他闭起眼，天马行空的，更是盘算做啥生意了。小暑盘算到处暑，一觉醒过来，他仍躺在铺板上，搓板似的肋骨上，他仍搭着贫儿院里带来的破被单。也在这一年，他竟买了一支大派克金笔，而且还是外国牌!

处暑处暑，热死老鼠。源丰恒到10点钟，炽白的太阳开始射店堂，射进台子、板凳上，开始发起烫。景杏生打大蒲扇，咕噜噜的只是“狗旋屎”。心定自然凉，他就是定不下来这颗心。

小暑天还不算热，江西老客结清一笔账，刚送过来的杉木，500两，他又交给景杏生代销。末了透露一个好消息，江西的杉木要大涨！他又说，赶到江西去，恐怕还能够再抢一趟杉木老价钱。

景杏生代销江西老客的木材已经三五年，很信任他。这一次，他想当场端下江西老客的500两杉木以翻身，当然百般恳请求帮帮忙。

江西老客为难了，但还是答应了。他请当场结清账，说再去江西“抢”一趟，回常州，估计赚的也不会太少。

500两杉木，大约折合600个立方，景杏生的银票远远不够。他咬咬牙，即让父亲陪着账房先生上钱庄拆借。300元银圆，一分五的利，两个月期限，过期利滚利。由此账房先生也不敢做主。

父亲是“阴死鬼”，在源丰恒还轮不到他讲话，就在这天，他匆匆赶到景杏生身边，竟然抢嘴插起话，说：“杉木真的涨一成，我们也要付出一大笔利息，剩下的赚头，我估了估，跟代销的佣金也差不多。”

景杏生白了他一眼：“杉木的银圆若大涨两成？大涨三成呢？”

父亲垂低头，恢复成了“阴死鬼”。

做惯代销生意的景杏生，仅犹豫片刻，仍很坚决地将江西老客送来的500两杉木，全盘收下一大锅经销！

在明朝末年，江西重臣和他的女儿（郭维经及女儿郭明珠），一下子居然诞生了“龙泉码”——买卖木行时，按原木胸径，分为不登、分码、小钱码、中钱码、大铁码、七八九码、单两码、双两码、飞码九大类；原木分为杉木、红松、杂木等品种；产地也分安徽、江西、浙江等地区，分门别类皆标明材积。龙泉码，就是木行的“材积表”，直用到1954年才被废除。

在光绪中期，常州也诞生了有名的排筏行。当初数十位，全都在北门，并称“排钩手”，逐渐形成了围量手、排钩手和放排手三大类“钩帮”。城钩帮，大多聚集城里横街一带的围量手，据我所了解，他们围量木行竟然靠世袭相传！能袭断围量检尺，与熟透的龙泉码，我看还有“合作”的道理。

乡钩号称排钩手，大多数是常州郊区人。主要工具称排钩，都俗称“啄钩”，大家水面作业就是啄起水中的木头，再扎成木排。

乡乡钩，称之放排钩，大多是苏北人到常州来，四处去运送木排。

到了1934年，常州木行鼎盛，排筏更繁忙，三类“钩帮”远远超过2000人。就在那个大伏天，景杏生招呼排钩手到新西河去啄木排，喊来两位围量手，提着滩尺和丈杆，一根一根测量木头的胸径、长度。那些排钩手再重新扎木排。父亲身穿长衫、戴草帽，记录测量木行报出的码子——再与江西老客的杉木对码子。

烈日晒热了浸着木排的混水，晒烫着木排。钩帮们早打起了赤膊。父亲的长衫更湿透，晒干了，很快又湿透。他不敢懈怠。收工前，仍请复一遍，缺陷的杉木可不要漏报——杉木有缺陷分为短、弯、尖、疤、槽、空、破、烂8大类，其中的“空”也分干空、根空、梢空、鸟眼、鱼鳃5种。

有章可循，江西老客的500两杉木不需要“让码”。指望发大财的景杏生，一个月后却是要了命：杉木的价钱没上涨，反而下跌了，还将近一成！常州木业商会紧急召开会议，大先生还要大家签字画起押，才算勉强挡住了跌势。然而景杏生借的300元银圆，剩下五天还不上，就要小刀利滚利，剜肉一块块！

这一天，父亲上齐了排门，发现景杏生在账台上发呆，也就不声不响端一盆凉水，放块白毛巾，轻轻送到他面前。

景杏生顺手捂住了他发烫的面孔，过了一会说：“绳子套住颈根了，你有啥办法解套？”好半天，不见他说话，不免冒出火，硬是要他“讲一点办法”。

父亲居然这样说：“我真的没有办法。你是会有办法的。”

景杏生将白毛巾往盆里一扔，水花四溅开：“关门大吉！”甩手也拉开排门。好像听到父亲在身后轻声讲：“其实，你能还清这笔债……”听不清，回转了头，父亲垂着脸，还真站在他身后边。景杏生便骂着：“我还有一笔还债钱？屁话！”

父亲退两步，怯生生地说：“马上打折卖杉木，断尾求生！”

还是父亲当年原汁原味的回答。我可以断定，父亲没反复琢磨，绝不会冒出“断尾求生”这一句成语。

景杏生不骂了，他叹一口气说：“打折我卖光杉木，现在还能还清高利贷。咳，只怕商会觉得我失信，以后我更做不成生意。咳，看看明天的行情再说吧。”

在2011年，中国的股民望见A股从6000多点泻到4000点，个个伸起脖子期盼明天起牛市。盼到2012年，“飞流直下三千尺”，A股跌破2000点，10万元钱的股票缩水剩了两三万元钱，大家还在期盼明天的反弹。

正如股票“飞流直下三千里”，景杏生的“利滚利”绳索，更是勒住了他的颈根。他在父亲提醒“断尾求生”的第二天，淌着泪，还真关了门！

父亲在源丰恒过了最后一晚。大清早起来，他依然搬起铺板，开始擦洗店堂抹桌椅。全都收拾过，他才捆扎起铺盖。父亲说，他有说不明白的依恋，翻来覆去也不明白，一爿源丰恒，怎么变成玻璃杯，一个不小心就跌成了碎片？

父亲已想好，准备先回青山桥，去看望爷爷。

爷爷三年之前回到了常州，且已见到了父亲。父亲在那天，还是学生意，仍领不到薪水。站在源丰恒门口，他远远地看到骨瘦的身影正从西仓桥的石板上走来，非常眼熟，就是想不起是谁。骨瘦的人进了源丰恒，请问账房大先生，说："麻烦你，打听一个人。"

父亲听到那声音，猛然醒过来，脱口就喊"爹"。骨瘦的人回转头，父亲望得更清楚，果真是爷爷！却不知该说啥话了！

爷爷呆呆的，像木头桩。他很快回了神，双拳合抱，朝着大家连连作揖，万分感激诸位多年的照料。

景杏生拱拱手，对爷爷说："你的儿子在源丰恒已二载余，我竟一直误认为孤儿！对不起，实在对不起！"他又很客气地问："先生您，这些年去南洋发了财？"爷爷抽起鸦片烟，害得家破人亡作的孽，景杏生早有所闻。

"惭愧，惭愧也。"爷爷很尴尬。他还不敢提木行，只说米行记过账。后来回到江阴好几年，混不出名堂，又只好回到常州重新去寻饭……

景杏生"哦""哦"地背转身，又朝着大伙挥挥手说："人家父子重逢你们盯着看什么？各人去做各人的事情！"

景杏生踱着方步自顾离去。父亲闻得出滋味，更不敢造次，他扯扯爷爷的衣袖，只好陪他站到大门口。爷爷很习惯冷落，自没半丁点在意，他愤愤地告诉父亲说，太爷去世后，璜土小街的汪家老屋子，全被叔公叔婆骗光了！原先还留下一间偏屋，讲好的，随他住到哪一天，就在上一个月，叔婆硬要拆掉偏屋盖新屋。叔公专讲阴阳话，最后"送"给他20块银圆，"请"他找一间好房子，先去租下来！

爷爷说："他们就这样，硬是把我赶出了璜土，'送'回到常州！"

无锡璜土汪家的老房子，常州下街的祖屋，爷爷究竟怎么卖掉的，父亲一点也不想问。他只问爷爷："你现在住哪里？"

爷爷说："住在下街。你我被典的祖屋，我租赁了一间，不算贵。"他又说，"忘记告诉你，我和巧珍成亲了。就是璜土小街茶馆店的老板的女儿，你还记得吗？"这时候，景杏生在店堂喊起了父亲。爷爷连忙说："一有空，你就回家去。"

父亲满师后，积蓄到5只银圆，抽个空即赶到后街。对祖屋的印象里，他只记得小院环绕的葡萄藤，然而没见到。爷爷也不在。继奶奶像胖菩萨，捧着黄铜的水烟筒，独自端坐在堂前。她看到父亲，用纸媒点着他，发出洪亮的"呵呵"："活脱活像！活脱活像！你活脱活像他的老子！"接过父亲送来的糕点，又慢条斯理地告诉他，"他的老子"进米行管账，回家还没到辰光。

继奶奶比父亲大7岁。她发现父亲恭恭敬敬地捧几个银圆给她，便乐起来，忙给父亲沏一杯绿茶。她又呼噜噜地抽着水烟告诉他："你的老子只敢抽水烟。敢抽福寿膏，我拍拍屁股就动身。这几天，他胃痛作孽，我才让他抽两口。"

父亲非常感激继奶奶。父亲这次离开源丰恒，不但琢磨着送多少礼物孝敬他们，而且有了暂住祖屋的念头。他沿着西仓街，快要踏上南运桥，忽然想起了奶奶，想起贫儿院……他站在马路边上反而变成了孤儿。就在这时候，景杏生气喘吁吁赶过来喊："你别走。"

父亲连忙扶住他，说：“景先生，我不走。啥事你只管吩咐。”

景杏生说：“永丰盛招人，我来带你去。”

父亲后来告诉我：“景杏生以前，一直可怜我。源丰恒后来关门，他专门介绍我去永丰盛，估计我能派点用场了。”

第二章 似沉欲浮大江南

（1937—1945年）

日寇阴霾罩热土

颠簸逃难路

避难方东村

阴霾罩热土

走出垃圾店的孩子

「老姑娘」出嫁

大姨「叛逆」

白梅与樱花

怀里捡到金饽饽

黄家祠堂里

「清明上河图」

脚踏两只船

日寇阴霾罩热土

颠簸逃难路

日本人来上海先闹“一·二八”事件，再干“八一三”事变，每一次，母亲皆受害尤深。日子过得久，事件变换不会少，一些具体的事，母亲讲得就没以前清楚。只不过，打开电视机，看到日本的飞机气浪冲天狂轰滥炸，画面里血肉横飞、人们满面惊恐，母亲都会啧啧几声喊我快点看，一遍一遍告诉我：“那些日本人，就那样恶赖！我都看到过，真的吓煞人！”

母亲20岁那年，上海发生“八一三”事变。国军浴血会战淞沪城，八百壮士四行仓库最悲壮，到了1946年，散落的百余壮士再回到上海……而母亲，提起四行仓库只如此讲述：“外公外婆带着我们逃难时，国军在苏州河北边、西藏路桥边，跟日本鬼子已经大打了起来……”

外婆和母亲拼命逃往乡下去。1937年8月28日，日本鬼子狂轰滥炸上海火车站，好多记者在上海拍摄、记录废墟的惨状。二舅也曾告诉我，外公买下一份《申报》喊他念，他记得，是8月28日的报！那份《申报》所讲的，我在上海图书馆也查到过，很清晰——

下午2时许，敌机十二架，在南站附近共投炸弹八枚，该站站台、天桥及水塔、车房被炸毁，同时在站台候车离沪难民均罹于难，死伤达六七百人……残肢头颅，触目皆是，血流成渠，泥土尽赤……

外公建造的垃圾店，就在火车站附近的旱桥头。假如外公外婆8月28日逃难，并且准备乘着火车逃到常州去——当然那是“假如”或“如果”这类，因为外公外婆还是有一点远见。

在上海，从1932年开始，相对稳定了五年多，外公外婆垃圾店里赚起的银洋钱，算一算，还真一大笔。除了回到常州造宅院，外婆再不肯添新家具，不准外公再摆大排场！日小赚得少，买点金首饰；日大赚得多，换一条“黄鱼”。一斤黄金那时称16两，半斤称8两；上海银楼的金条，一两称作“小黄鱼”，10两称起“大黄鱼”，2两、3两、5两统一称“黄鱼”……外婆赚来的银圆，三两五两皆换成“黄鱼”，继而请来老银匠，关进小房间，专门伪装“粗铜丝”——绕成不规则金条，真的假来假亦真，非是行家辨不清真假。这时候——

1937年8月13日，蒋总司令的第九集团军与日本海军陆战队在宝山路、八字桥一带交战。远处的旱桥头，离枪炮不算远，外婆除了“粗铜丝”，还有戒指项链等金货，已一股脑儿有经验地灌进特制的布袋，绑紧腰眼头。她的银洋钱，自己塞下二三十只到时换米换饭吃，剩下的一袋交给外公，一袋裹进棉被再打进包袱，交给母亲。

外公估摸这次打仗要比5年前更凶。他由此想花点银圆钻进英租界，或者躲进法租界，好靠外国人保护。他还对外婆说："日本人在上海不再掼炸弹，我们就能回到旱桥头，随即开起垃圾店！"

外婆只想逃回常州去。她对大舅不放心——大舅虽然满师早已当上永丰盛的记账员，他与舅妈结婚后，新房早已设在鲁家巷东宅、二重二楼的木板上。

外公摇头"咳"了一声，告诉外婆说："不瞒你，这一阵，我又买了《申报》。《申报》总讲日本人想亡中国，打下了上海，还想顺着铁路打进总统府。我们还能逃回常州去寻事？索性逃到乡下去，我们都定心。"

《申报》讲的话，不识字的外婆当然更不敢辩驳。外公锁起垃圾店，外婆留下破院子、破家具，一家七个人，背着牵拉着，朝西往北一齐涌进难民群。前一群人当时不算多，约莫三五百，跌跌冲冲逃到了上海郊区，两架贴着红膏药的小飞机怪叫着，老鹰般地就朝人群中间扑。大人小孩乱跑起来，还有趴在马路边上哭喊的。母亲说，那一次，她仰着头，只顾寻望狂飙的飞机。一架飞机离开了头顶，转个圈，朝着人堆又直扑下去，母亲也看清楚了，那个日本人，还不算太凶。

四周围，呼爹喊娘鬼哭狼嚎一大片。20岁的母亲"老姑娘"，越发"痴胆大"，觉得日本有副得意相，脱口还大骂："我巴望你，一头冲进黄浦江里去！"两架飞机的日本人，当然听不到。他们也没扔炸弹、扫机枪，盘旋几个来回后，仍怪叫着飞走了。路口路边已经散满衣裳、鞋子、帽子等。母亲好像觉得丢失了东西，想来想去，突然间脑子爆炸了！包袱呢？吃饭的包袱没有了！大包袱里裹着破棉被，破棉被里裹紧着的银洋钱，被抢走啦！

母亲原地转着圈，拼命喊："包袱被谁捡走啦？捡到了，求你还给我！"

外婆已让大姨、小姨手拉手，站在路边等待外公和母亲。她自己驮着小舅也在四处寻外公和母亲。外婆感觉好像听到母亲在叫喊，拐个弯还真看到了母亲，而且坐在路中间，两手拍着两条腿嘶喊："这下子好了！我这下子可好了！"异常地凄泣，突然又面孔煞白，嘴唇皮颤抖，不再作声了。

小舅顿时吓哭了。

外婆顿时想起母亲身边的包袱！顿时又像看出母亲神经病发作！她一个急刹车，竟然非常平静地对母亲说："没找到你爹？"不等母亲回答啥，夸张地拍大腿骂起"老棺材"："飞机没有掼炸弹，他先丢掉老婆孩子逃命去，算啥人！"

母亲的脸色不分散，不作声。

外婆硬拖住母亲，拼命找到了大姨和小姨。她俩很听话，站在原地没动弹，外婆舒口气，自己决定了：母亲真要犯出病，她们五个人，索性回到旱桥头，一起守着垃圾店等死！难民沿路聚得越来越多了。母亲的眼珠有一点活泛。外婆游弋在难民的中间，又找起外公来。忽然母亲告诉外婆说，飞机过来前，她看到外公、二舅走在前面。外婆"哎呀"一声说，她顾着找外公，连二舅都忘了！忙追问母亲，是不是真的看到了二舅、外公在一起。

母亲像是没听到。活泛的目光，不知怎么又有些呆滞。

外婆暗暗叹口气，又勇敢地朝着母亲喊："随他们去，不找他们了！我们走！"

母亲的神又回了些。她将三舅兜后背，喊大姨抓紧她衣摆；外婆也背上小姨，她前你后，一起逃进了挤拥的队伍。外公和二舅是死还是活，外婆已没工夫再去想，只是关注着母亲，稍有呆滞就凑过去，喊她照应大姨别乱走，再叮嘱她“看看路两边，说不定，你爹会站路边等我们”……母亲一旦提起丢失的包袱，外婆更会让她“关注”：“你望路左边，我看路右边，一人看一边……”

母亲青灰面色泛起了红晕。外婆定心了许多，对“老棺材”的焦急声，不知不觉又蒙起暮际，她将三舅换给母亲背，捶捶腰，又喊小姨自己走几步。

小姨没走几步路，往地下一坐，眼泪婆娑地说：“我走不动了，我一步路也走不动了。”外婆作势要打她。母亲连忙说，到前面村里，求个人家住一晚上吧。

外婆一听母亲没再提银圆，等于离开了死胡同，外婆紧绷的神经终于松弛了，逃难的小脚，累得更像瘫痪了一般——六岁时，她长布条子裹紧脚，开始培养起“三寸金莲”。经受了非常非常痛苦的“锻炼”，受不住，外婆偷偷地放开，却被发现，缠脚也就更用劲……外婆的“三寸金莲”失败了。她畸形小脚五寸七，同样“难看”。辛亥革命后鼓励“解放脚”，外婆要逃难，走路还是派不出用场。

小脚累得瘫痪了一般。外婆仍让母亲守弟妹，她自己拐进村子一家一家寻求起住宿。村上已经住满逃难佬。有一间大院的旁边，小屋里面没人住，外婆钻进去，却是猪屎、猪尿的猪圈，小猪没一条，无数的蚊子已经扑过来……

外婆的小脚灌满铅，拖一步，走一步。幸亏看到了大祠堂，遇到了正在祠堂忙碌的大先生。他在一一招呼上海逃难佬，也就收下了外婆一家，在大祠堂里还请大家一起喝稀粥、就咸菜。天很热，逃难佬都躺在地板上，怎么洗澡大小便，蚊子叮成啥模样，等等，我问过母亲和大姨，她们都说记不清楚了。

逃难到了第三天傍晚，外婆与母亲、大姨的模样，跟叫花子已差不多。迎面碰到一位中年人，40多岁的模样，外婆厚起脸皮仍先喊“阿哥”，接着说：“求求侬，留下我们住一宿，好伐？”

中年人叫刘福喜。他瞄了一眼外婆身后的孩子，没多话：“你跟着我走。”

刘福喜走到村子最后一排的草屋前，推开一扇柴草门，指着铺在泥地上的两张破篾席，说：“昨天一家人，也从上海逃来的，就在这里过夜。你们将就着，也在这儿住一晚上吧。”转身要离开，外婆一把拖住他，摸出一个银圆塞给了刘福喜，说：“别嫌少，有朝一日再重谢。”——母亲的包袱、银圆都被抢走了。外婆的包袱里，此时塞着十多块银圆。

刘福喜没推辞，回身拎来只箵箕，里面挖了三碗米。母亲接过箵箕去塘边淘米，他拐进菜园拔了三四棵青菜；母亲去灶屋烧饭，刘妻也送来一条咸鲞鱼。

立秋夜晚已不算太热，外婆他们躺进柴屋里，蚊子猖獗得前赴后继乱撞面孔。刘福喜让儿子捧来些艾草，在屋角落点起了烟雾。蚊子被熏走了，外婆一家也呛得都跑到了门外。烟雾消散一大半，小姨、三舅早一一睡着。

外婆仍让母亲带着大姨、小姨躺内间，她自己内挡着三舅，对外挡住柴屋的大门。小脚大手骨头的架子，她累得都快要散落，翻个身子还无比艰难。闭上眼，耳朵竖着，脑子琢磨着，睡意很快袭来。隔壁正屋传出了女人的喊叫声！外婆仔细听一会，简直像杀猪，而且响起杂乱的脚步声。外婆一骨碌先坐起身，从包袱里摸出一把张小泉剪刀，推醒母亲，一起摆出殊死搏斗的架势。

突然外婆呵呵笑起来：原来他们家要生孩子了。母亲也笑了。她们重新躺回了一阵，女人喊叫的痛苦声中还冒起惨烈，而且越叫越强烈。外婆把剪刀、包袱递到母亲的手里，说：“我去看看就回来。你睡觉，不出门就是。”

外婆看到了刘福喜的媳妇要生孩子，没有接生婆。

外婆生六个孩子，有四个，包括我的母亲，都是外婆在垃圾店里自己接的生！久病成良医。刘福喜的媳妇属顺产，外婆就更显出接生的水平。外婆用蜡烛包里裹起胖小子，自己离开豆油灯，鸡叫三遍，天已快发白。

外婆回到柴屋口睡觉，母亲一点都不知道。母亲设法去灶头上讨点米，烧好粥，准备让大家喝过以后再逃难去，外婆睡得更加不知道。刘妻没有挖米给母亲，让她等一会，过了一会儿，却请外婆一起吃早饭。外婆没多推辞，带着母亲他们来到堂屋上，桌面居然摆了五只碗，一碗两只水孵蛋！兵荒马乱的，不是一丁点分量！外婆让四个孩子每人吃一个，剩下的坚决留给产妇做月子。刘妻煮的一锅浓稠粥，外婆喝了两海碗，又有精神了，兜起三舅扎背上，千恩万谢地准备逃难。

刘福喜问她：“你们准备往哪儿逃？”

外婆苦笑道：“不知道。逃到哪儿算哪儿。”

刘福喜说：“我家亲眷在宜兴方东村。水天水地的，日本人也一时打不进。”

“好是好，地方太远了，我们恐怕逃不到。”突然想到外公逃难，到今天还没丁点消息，外婆的眼圈顿时发红。

刘福喜说：“不要紧。我去借一条船，喊儿子帮你送过去。说不定，我家逃难逃到方东村，儿子还正好探过路。”

这一天，刘福喜在借船时，还顺路撒网打了两碗鱼，回到家，又杀了一只鸡，隆重答谢了外婆。这天外婆也没闲。她让刘妻找出几件旧衣裳，帮婴儿改了几套小衣衫。同时让母亲，领着大姨她们站在大路上，眺望外公和二舅，望不到，就骂“老棺材”！

第二天一早，她亲亲胖小子，把五个银圆偷偷塞进蜡烛包。一家人都上了条小船。刘家儿子一篙子，小船缓缓离开岸；放下篙子摇起橹，外婆的半身探船舱，朝着刘福喜的夫妻挥手喊：“回去吧。别忘记，摸摸孩子的蜡烛包！”

避难方东村

外婆到上海，当起垃圾店的老板娘；逃难路上能当接生婆；逃到方东村，她没学裁缝，不久却当起裁缝婆，且远近闻名。外婆能缝小孩子衣衫，女人的大面襟罩衫、大脚管裤，男人的对面襟衣衫、宽腰裤，外婆照葫芦画瓢，只要方东村里缝纫好，穿上身，无不像模像样的。

外婆“扬”了名，母亲说，靠她的手艺，更不多收点铜板。欠账、付不起铜板和角子，外婆还口口声声讲：“别付了，不要付！幸亏你们收留了我们，我们有口水也饿不死。”外婆还会讲，他们都像刘福喜的乡下人，蛮厚道。她也没说错。方东村的乡下人，自己种棉花、做土布，再请“大裁缝”去做衣裳，要是付不出角子，他们就送去米面柴，送蔬菜或鱼虾蛋。外婆避难一年多，也真糊住自己一大半嘴巴。

母亲提到方东村的日子，还总说仍像养媳妇那样烧饭洗衣带弟妹。有一点空闲，就帮外婆缲起衣裳、裤子的沿口，或者整理些碎布，缲起纽扣、纽攀来，两手一刻也不停。

母亲告诉我，她逃难时，裹紧包袱的银洋钱被抢光了。外婆的包袱里，还有二三十块银洋钱，逃到方东村不久又花光了。多亏做裁缝。不过碰到要接济，外婆还得“勒勒吃”——

外婆灌进布袋、缠在腰上的“粗铜丝”以及金首饰，那是一株肥硕的稻穗。米面接济不上了，外婆“勒”下一颗金稻粒还能救性命。文盲的母亲创造出如此形象的词句，也再次证明文学的源泉来自民间。

外婆逃到方东村，借住土房以后没不久，就设法托人带信到常州，让大舅大舅母赶紧一起逃到方东村，相互好照应。日军于1937年11月29日占领常州。外婆是在同年9月下旬，左等右等总算等到大舅一个人。大舅告诉外婆，他跟舅妈早已逃到武进埠头小街上，租下两间小屋子，住下了。埠头街上棺材店老板，听到他能做木行生意，且在永丰盛，还赫赫有名，随即留下他，请他到常州城里采购棺材料。大舅还告诉外婆，日本人还没打进常州，永丰盛早关了门，黄老板一家全都逃散了……

母亲忙烧饭给大舅吃，并尖起耳朵，听大舅讲东讲西。没料到，他压低嗓门涎起脸，凑近外婆说：“镇里的薪水太少了，我们两个人开销不够，她怀胎，又快要生儿子了……”

大舅大手大脚老习惯。外婆这天蛮开心，尤其长子快要养出长孙了，更高兴，也就不去点穿他什么。大舅隔天乘船去埠头去，外婆“勒”下一颗金戒指，悄悄地塞进了他的手心底。

母亲说，大舅尝到了甜头，以后手头有一点紧张，就回到方东村探望外婆。每一次，外婆依然“勒”一颗“稻粒”，偷偷塞进大舅的手心；外婆知道瞒不过母亲的眼睛，也就不再让大舅探望。而大舅，这次才进方东村，母亲虎起脸，更是先喊“讨债鬼来了”——母亲称自己是“养媳妇”。大舅、二舅、小舅、大姨、小姨暗地里称她“管家婆”。大舅有点怵，还是笑着说：“我渴死了。你快帮我泡一杯茶。”

母亲说："你渴死了好！"倒了碗开水，重重地放在他面前。

外婆很想封住大舅的嘴巴，而且压低着嗓门："那个镯头让你倒几个银圆？你给我带过来？你讲给我听听！"

见他讪讪地笑着，外婆放下脸，说："我没工夫看你在痴笑。"

大舅突然说："本来我想告诉你，爹爹已回到了上海，并且又开起了垃圾店……"

"你讲啥？"外婆瞪得眼睛变成了桂圆，"你讲啊！"

这时已到1938年5月。在1937年8月28日，日本人炸毁了上海南站的站台、天桥，以及水塔和车房等，《申报》一一有记录。不远之处的旱桥头以及外公的垃圾店等，也被日本人炸得精光，外婆后来也都打听到了。外婆、母亲这时最想听大舅讲的，当然是外公二舅逃到上海啥地方，又在哪儿开起垃圾店。

"管家婆"瞪圆大眼睛，大舅想摆噱头也没了勇气，还是老老实实告诉外婆："那些天，我四处请人问消息，请人喝口酒，总算有了眉目。"最后大舅还是说："哪晓得，我一忙，撞上倒霉事，媳妇大出血，流了产，还差点送命！"

外婆有点慌，忙对母亲说，你守住家门，我得陪着去埠头，服侍两天大媳妇。

大舅忙说："上个月恢复得差不多了，哪里还要你服侍！只是……"

外婆仿佛明白了什么，她叹口气，也不说什么。听到大舅回埠头，她转进后屋去，还是"勒"颗金戒指，并且当着母亲的面，递在大舅的手里，说："单给你的这一份，太多了。我家发了财，到时候，还会给你的。”方东村人恰好送来一条大青鱼，外婆也让大舅带回家，给大舅妈“补补”。

母亲告诉我，大舅妈怀胎、流产大出血，都是大舅临时编造的鬼话。外婆顿时就猜准，但也一直没再当着面拆穿。

母亲还知道，埠头街上闲人多。逃难人再涌过来，吃饱吃不饱，没事做的还都喜欢搓麻将，且成为风气。大舅妈就靠搓麻将混日子。大舅在棺材店，原来多少能赚一口饭，哪知道关门后，生活一点也寻不到，大舅只好陪舅妈去搓麻将，只好骗外婆去“勒”口饭吃吃。母亲由此恨透大舅、大舅妈。她还说，外婆没处“勒”戒指，他就只肯等饿死，不肯设法赚一口饭吃。

只不过，外公带着二舅回到上海后，跑到海防路，很便当地再一次开起了垃圾店，又幸亏大舅找到了切实的消息！外婆骂了一句：“死不掉的老棺材！”等到大舅离开方东村，她才没完没了抹起了眼泪。

母亲一家逃难的那天，外公也被冲散开，他领着二舅四处找外婆、找母亲，但根本找不到，却撞到垃圾商会的两位副会长。他们聚马路旁边商量着，最后一起决定返往十六铺，一起登上搭载难民的大轮船，逃到香港去！

到了香港，他们以为是英国的地盘，哪知道，仍由日本人当道。外公带着二舅人生地不熟，还是不服气，常州人做生意练出了本事，况且包袱里还裹紧银洋钱！于是租条破舢板，沿着深圳河边先卖起甘蔗。日子非常苦，外公无所谓，恨的只是甘蔗没生意，连续赔铜钱。再混下去怕讨饭，于是又乘大轮回到了上海。

外公去了一趟旱桥头，悲凉得他失去勇气寻找垃圾店遗址。毕竟在上海，还是常州的生意人，他如同老狼回深山，山水沟壑都在心目中，瘪着肚皮仍信心百倍，径直走到海防路，“华界”的那片棚户区，居然重新出现了生气。第二天，外公即找人为他搭起两间芦席油毛毡棚子，驾轻就熟地重新干起买卖垃圾的老本行。

没多久，外公让人带信来，叮嘱外婆带着孩子一起回上海，日本人已不掼飞机炸弹了。

我不去！这句话，外婆没有“顿”：旺财不发命穷人。在上海，我们吃辛吃苦忙了十几年，两爿垃圾店，全被日本人炸光！不去了。死也要死在常州。

阴霾罩热土

1937年11月12日上海沦陷，日本强盗们开始围攻当时的国都南京。强盗们自东往西在铁路沿线，搂草打兔子一般，没花多少工夫，11月29日常州就沦陷了。

日本侵略者染上狂犬病，在沿路乱咬。常州的文笔塔，1.7米高的铜葫芦塔顶被炸落下塔底；金碧辉煌的洪都会馆，炸成断壁残垣散落在运河边……咬到12月1日，便前往南京四周，集中精力去狂咬首都。常州组织难民收尸队，开始埋葬暴尸在外的百姓。据资料，有案可查的超过4000具！

外公一家8口人，除大舅以外，都从上海逃难。外婆逃到1938年年底，带着三女一儿子，回到了常州——外婆外公始终称为“回到家”。大舅是从常州逃的难。没多久，他带着大舅妈以及诞生不久的文娟姐也回到常州。

母亲说，离开方东村之前，外婆一直四处打听各种各样的消息，也就知道日本派人驻守着常州，让汉奸于7月1日成立“武进县政府”。大街四周围，拉满了“实行中日亲善，祈祷世界和平”等横幅，“建设新秩序”等口号在高喊……外婆则讲，强盗发善心。谁肯相信日本人讲话？

外婆很快又得知，伪轮局的“出张所”，在表场轮船码头竟然开张了，而且跑起上海、丹阳、宜兴等5条航线！外婆有点动心了。抽个空，还专门赶到宜兴轮船码头去张望。乘轮船的还真不少人！除了“出张所”，常州的新商、志新、新华、永余等四家轮局也都复业航线了！

一下子，外婆赶紧要回常州，也终于带着四个孩子离开方东村，走到宜兴县杨巷，并登上开往常州的“骏龙号”轮船。

永余的“骏龙号”从常州到溧阳，大约12个钟头。溧阳返常州，航到杨巷大约两个多钟头，停靠码头搭跳板，大姨小姨三舅钻进了船舱，全都学着母亲的腔调唱：“回家喽！我们回家喽！”

从杨巷航到常州表场大码头，约莫10个钟头。外婆坐进了船舱，啥事她都想，又都想不进，不知不觉舱口已挂洋灯罩。轮船两岸连接天，眨个眼，也变得漆黑；轮船响起的回声，呜呜呜穿过马公桥。再往前，就是南运桥，拐东进入大运河，顺水钻过怀德桥，钻过了新桥，轮船也就靠进表场大码头！逃难的常州人，真的也能回家了！外婆真的一点也不开心，摸了一包锅底灰，吐了口唾沫，指头上蘸着，不由分说先涂满母亲面孔，接着涂大姨，再替自己乱涂了一把！

“骏龙号”轮船终于停靠大码头，搁起了跳板，那些乘船佬顺着船舱一个一个踏上码头。母亲到常州还是第一次，抹锅底灰也是第一次。明朝建筑的古城墙，这时候仍将表场码头拦挡于城外；斜对面的西瀛城门口，就由日本鬼子守关口，大电灯泡更照得雪雪亮。外婆怕日本人抢“花姑娘”。母亲说，当时她没吓得发什么哆嗦。她还看清两个日本兵，要不是头戴扇风帽，手持三八枪，一边一个站在城门口，那跟中国人都差不多。

母亲说，有个老头子，不知心慌还是有急事，闷着头，赶到城门口，那个娃娃脸的日本兵，模样挺可爱，他抬起脚对准老头就是一皮鞋！老头子还没站稳，那边的猴子脸，对准老头子又一枪托！

母亲吓得哆嗦起来。中年女人在旁边急叫："鞠躬！鞠躬！"

老头有点明白了。他哭丧着脸，先向娃娃鞠三个躬，再朝猴子三鞠躬。鞠完躬，不敢移动了。中年女人赶过来，忙朝日本人鞠躬，然后拉住老头跑出了城门。母亲也明白了日本的规矩。她紧抓大姨的小手，左边鞠三躬，右边鞠三躬，不抬头，一步一步只顾走出西瀛门。走到马路边，母亲发现没有违反日本人的规矩，悄悄松了一口气，胜如过了鬼门关。

外婆带着四个孩子东拐西拐，不远不近总算拐到鲁家巷。两幢朱家的宅院，外婆先打开东宅。快深夜，巷弄里极静。外婆只是打开头重大房间，点起洋油灯，让大家全都躺进大床，盖着新被面，毫毛孔里也透满舒坦。

外婆有起早习惯。天刚亮，她在头重的客堂间、院子里，已经东摸摸，西摸摸。日本强盗到常州杀人放火，朱家的宅院却一块玻璃也没被砸破，阿弥陀佛还幸亏菩萨保佑。堂前上，神龛没烧香，外婆仍跪下磕了三个大响头。母亲起床后也走出房间。外婆便带母亲去后门，告诉她，二重的宅院有侧门，有口井，还有一间灶披间。她关照母亲先去打扫灶披间。她自己先拐去西仓桥称点米……

外婆拉开了门闩，却兜头挨了一棍子——二重院子居然毁得没点模样了！大舅的二层楼新房，清桐油抹人影子，横七竖八旱烧成枯炭！

二重院子的侧门虚掩着，这时推出一条缝，外婆瞄一眼就看到，探脑袋的那个就是外公的堂弟。大舅逃难时特意托他照料宅院的。外叔公家只有破房子，穷到连逃命也逃不起，他索性也不再逃。

外叔公也看清了外婆，还看到母亲成了大姑娘，当然还知道逃回常州的人已多起来。他靠近外婆，没多少寒暄，愤愤地就骂起来："讲给谁听谁也不会相信，日本鬼子来杀人放火，那些狗日的土匪太不要脸，竟趁火打劫！"

常州城里人，十有八九去逃难。外叔公讲，日本鬼子打进了常州，杀人放火两天后，又往镇江打，再打南京。常州那些"活土匪"，竟趁机钻城里的巷弄巷道，专门去寻大老板家，去寻家家锁住的大门，踩点做记号，等到半夜三更再蒙头蒙脸砸大门，拼起命乱翻乱抢；临走前，放一把大火以销赃灭迹。那班"活土匪"已没人管，好几个人还有点面熟，又能拿他们啥办法？

母亲自回到常州，总提起"年纪跟我差不多的鲁家巷人"，没有看到也都听到"活土匪"如何杀人如何放火。更经常"补充"，永丰盛早关上门，老板全家去逃难，只幸亏钱立峰专门请来小职员，守住永丰盛大门，才多次避免遭受打劫。

母亲所讲的守门小职员，就是父亲。

之前父亲在西仓街的源丰恒，先学生意后当上职员。源丰恒于1934年关闭，老板景杏生不遗余力，推荐父亲进了永丰盛，并非是木行，而是西仓桥边附设的"永大精盐常州分销处”，依然任职员，月薪提升至8个银圆。

1937年上海发生“八一三事变”。这时在常州，三堡街的洪都会馆也金碧辉煌。不过三天后，洪都会馆的董事会里召开了紧急会议。鼎鼎有名的黄金喜，这个一字不识的大先生，自讲起“局势”。永丰盛回笼资金快速收摊子，总号分号一家接着一家关起门；经理员工学生意佬小伙计，包括大舅一下子也被遣散。

父亲在精盐分销处被解散后，赶往青山桥后街，准备与爷爷一起商量逃难的办法。没料到，爷爷带着继奶奶已逃到璜土去。父亲也就放了心，聚集三五位职员，都是单身汉，决定躲进武进的湟里。常州沦陷了！日本鬼子出发去打镇江了……到了1938年1月31日，农历戊寅年正月初一，常州好些人已记不得过年！经理钱立峰则在第二天，即正月初二，雇了一辆黄包车，赶了四五十里路到了湟里，连问带寻找，并且敲响了父亲他们租用的房子。

端人碗，受人管。不端永丰盛饭碗，想放一个屁，也笃定弹起八丈远。只不过，父亲他们仍像大清王朝的难民，碰上了被八国联军逼离京城的老佛爷，依然诚惶诚恐、竭其所能地伺候。钱立峰也没摆臭架子。坐在昔日下属的中间，还特意恳请父亲回永丰盛，处理剩余的木材。

父亲没有考虑是用性命冒险，也没琢磨“守家”能赚多少银洋钱，应声答应了。另两位永丰盛的木行小职员，也唯唯诺诺地都应允了。四个多月前，他们一齐逃难到湟里，而今一齐带着可怜的家当，跟着钱立峰的黄包车，屁颠屁颠地回到永丰盛。

钱立峰让职员一起住进永丰盛的厢房。他取出两本副本：一本杉木的码子，一本欠账单，临危托孤一般捧给了父亲，说：“到今天，永丰盛还有200多两好杉木，全都停靠西大王庙、关河的两滩小口凼。若有人来买杉木，价钱稍微便宜点，谱子不瞎开，你就做主让他们搬去。”

如果有人来还账，钱立峰关照父亲说：“收下来就是。若有人讨账，你就讲，哪天老板黄傅成回家，他保证连本带利一次性还清。”——黄傅成已担任大老板。

钱立峰又拜托诸位：“顺带”守守永丰盛的房屋和货物。并答应，每人每个月发付6个银洋钱——1个银圆当时能值20斤米，或五六斤肉，或8尺棉布。父亲18岁那年，常州的1个银圆更值22斤米，或8斤猪肉，或9尺棉布。

我曾问父亲：“杀人放火的日本人，你不怕他？”

父亲说：“有点怕。再想想，有吃有住，在永丰盛再当点心，跟逃难躲到湟里镇，其实差不多。”

父亲已经习惯做盐生意。钱立峰清理木材为何特意去委托父亲？这个问题我也曾问过父亲。父亲说是大先生（黄金喜）专门关照了钱（立峰）经理。黄金喜是为啥看中父亲的，这个问题父亲一直没回答。

1938年7月1日武进成立伪政府。黄傅成老板赶紧委托钱立峰，在7月底借永丰盛旧址在鲁家巷口组建起协记木行。钱立峰担任经理，钱立峰让父亲暂当营业员。

走出垃圾店的孩子

“老姑娘”出嫁

武进伪政府“中日亲善”还要生产大发展。单讲西门外的米市河、西仓桥和三堡街一路要有“新秩序”，更“鼓励”米行、豆行、木行等恢复生意。只不过，眨眼半年后，就是重新组建的协记木行，木行的生意反而越发萧条。

外婆9月回到鲁家巷。她讲了句痴话：“两幢朱家新造的宅院，还‘幸亏’碰到‘活土匪’，只肯烧毁一幢宅院的后间。要是日本强盗来杀人放火，还强奸……”

讲归讲，做归做，外婆关心的还是再摸黄鱼换点银洋钱，修复后重的宅院，让大舅、大舅妈、文娟姐搬回小木楼。宅院修复后，大舅已去不成永丰盛。他有（高小）文化，不用愁，后来靠近西仓桥有点名气的恒源木行收下他，他仍当职员。

恒源老板大名叫汤梦熹。他在隔壁的三堡街，还曾添先办三和布厂。三和布厂碰到“伪政府”，后来盘给无锡的老板，换成恒源畅染织厂等，反正大舅妈没去。当时文娟姐才2岁，需要照顾，她还有搓麻将的习惯。再后来，她才去南门，到大成布厂去织洋布。

外公在上海重开垃圾店，生意也一样，看不出起色。得知外婆逃回常州，他不顾一切去探望，带几块银洋钱，买点米面油。隔几天，再去鲁家巷，他缺铜板，酱糖醋都买不起。外婆本想做点小生意，但缺胆量，鲁家巷的日子也就更加不好过。最后外婆还是撑足胆，将朱家还没住过的西幢宅院，一下子出租给了不是亲眷的亲眷，才总算换了一大口饭。

常州奔牛镇的军民合用飞机场于1986年通航，到2016年，还开通起外国的航班。之前，常州飞机场属于军用，解放初期停靠一两架飞机，之后增至四五架，但比较“蹩脚”。日本人还没打到常州前，常州造起的飞机场，距离鲁家巷还不到12里，用场更没派上过几回。一场秋风一阵寒。外婆逃难回到常州后，飞机场里的茅草满目枯黄。一把镰刀一根绳，外婆开始赶到飞机场去割茅草，节省烧柴钱。

每一次，外婆都让母亲留在院子里烧饭，并照料弟妹，她自己直接奔向飞机场。割茅草的人不多，也不少。机场的铁丝网，不知早被撕开几条缝。外婆偷越国境一般钻进去，割下一大捆，再钻出机场，背着回到家，先码进二进的天井。在1939年腊月的一天，外婆老牛似的驮回一大捆茅草，汗津津地跨进了院门。她听到大舅妈与母亲又对骂起来。

嫂子姑娘冤家多。在平时，外婆权当听唱戏，听得不耐烦，又会大声唱着彩：“别吵了，打起来。让我看一看，到底是狗咬死狼还是狼咬死狗。”可这次，她听到大舅妈骂母亲是“葬不出去的陈棺材”，就像飞刀扎在她心口，晃了晃，眼睛闭了一会才算稳住两只脚——男18岁“弱冠”，女15岁“及笄”。民国时期的女子，15岁左右都有婆家了，而母亲已经22

岁了……

外婆驮着茅草捆，闷下头，慢慢走进二进的天井。她放下茅草捆，不紧不慢靠近了大舅妈，扬起手猛地刮了她两个大耳光，又高举镰刀，对准大舅妈的鼻尖子：“你要再敢骂一声，看我割你的舌头！”

大舅妈先下意识地挡了把，瞄起外婆恐怖的架势，她将文娟姐往天井下一扔，高喊着“救命”，拼命往小楼上乱逃。

母亲抱起文娟姐，朝着小楼的窗口，乱七八糟地骂起大舅妈。外婆没追，也不再骂大舅妈，她将茅草码齐后，回到院子大门口，坐张长凳开始搓草绳，一边静静地等大舅回家。

大舅踏回到大门，外婆丢下手里的草绳，把他引进自己的房间，轻声狠狠骂：“你们一对小夫妻，良心都被狗吃光了！”

大舅长到24岁，还是第一次看到外婆发出这样的火气，小心翼翼地怯怯引着她的笑：“我有杀头罪，你也要让我死个明白啊。”

外婆的手指头点着大舅的额骨头，说：“你回房间去，好好告诉你家的老婆，你的大妹子自7岁开始烧灶头，带弟妹，不甜只苦忙到了今年，为了啥？耽搁她忙到22岁，成了老姑娘，你说谁害的？你的老婆还要骂她‘葬不出去的陈棺材’，作孽吗？你算不算是黑良心？”

外婆越讲越来气，气得脸色煞白：“朱家你算是长子。好东西，你先吃；银洋钱，你多拿。你帮家里做了多少事情？你说啊！你哑巴啦？我对你说，你的老婆要再骂你妹子那种话，我不割她的舌头，阎罗王也不肯饶了她！”

外婆所讲的，包括她自己“作孽”，大舅全都明白了意思。他咬牙切齿着，有假有真大骂起大舅妈来，说："她要再瞎讲，我先打烂她的嘴巴子，去喂狗！"刚想出房间门，又被外婆喊住了："你想打给我看看？我才不想看。你帮帮我的忙，劝劝你老婆，以后讲啥话，先摸摸自己良心！"

大舅满口答应着，总算离开了房间。突然间，他回转身，拍着脑袋又对外婆说："我有一件要紧事，差一点，被你给骂光了。"

"啥事情？你想问我还剩多少银洋钱？我还想问问你。"

大舅笑起来，然后告诉外婆："黄金喜大先生已回到常州了。今天他经过恒源木行，碰到了我，就问我谁家还有好一点的好姑娘。他说他想做媒人，替协记木行的小伙子成个家。"

外婆说："你卖啥关子？讲下去啊。"

大舅说："我说要问我家娘。"

"好啊，好啊。"外婆和颜悦色地问，"那个小伙子，今年多大了？住哪里？"

大舅说："他跟我同年。好像是孤儿，在永丰盛协记做木行生意，穷了点。"

"穷不怕。没有公公和婆婆？自己租一间房子？砖头瓦片都有翻身时，不要紧。"外婆说，"以后更能当家发大财。"

大舅索性说："他有点丑，耷眼皮，太阳穴上的癞疤大铜板都盖不住。"

外婆还不嫌，说他"人丑命不丑"，大先生都敢做媒，还会差多少！明天她要去永丰盛先认一认。

第二天，外婆走到鲁家巷路口，也就是永丰盛改称"协记"的店门口，走来过去细看了两回，真觉得入眼，于是顺路拐去西仓桥，在恒源木行喊大舅，叮嘱他，让那个小伙子请人做媒。外婆回家后，也不去飞机场割草了，坐在宅院大门口，只是捶稻草，搓草绳，等媒人过来。

有点“争朝夕”，隔一天，媒人就赶到了外婆家。外婆先请媒人吃鸡蛋，喝甜茶，更对媒人讲：“那位小伙子，大先生都喜欢他，我更一百二十个放心。”当即便用母亲的生辰八字，用红纸封上，托付给媒人。

外婆“一百二十个放心”的“孤儿”，就是我父亲。

按规矩，男方拿到女子生辰八字后，父母亲得请算命先生合八字，以免“误碰”相冲或相克。父亲知道生日不知道时辰，请算命先生合八字，“靠”不上爷爷，“靠”不到奶奶，这一来，父亲索性省去了一道程序。下定书，送礼金，还是要将生辰八字送到外公外婆的手里，父亲于是“约莫”了自己的时辰，让算命先生去排八字，然后连带68元银洋钱礼金一并交给媒人去定了亲。

接着“送日子”，迎亲。前前后后三四个月，到了1939年端阳节，父亲带着一顶小花轿，简简单单抬上了母亲，从鲁家巷的朱家大院里，吹响了喇叭，往西插进西仓街、西仓桥，往东顺着西直街，穿过怀德桥后拐回米市河，绕着一段运河转上一大圈，回到普济街，在鲁家巷2号的黄家祠堂里，开始下花轿、放鞭炮——说难听点，就是父亲在永丰盛的祠堂里，总算与母亲结了婚。

我听大舅讲，老子黄西洲退休了，儿子黄傅成接替，当上了永丰盛的大老板。木行的生意，多多少少的，他总想让父亲帮忙。永丰盛的隔壁是黄家祠堂。这一次，黄傅成特意帮父亲在黄家祠堂腾出一间小偏屋，布置好新房。

大舅还讲，父亲结婚摆五桌喜酒，谈不起排场。但赫赫有名的黄金喜大先生，永丰盛木行的黄傅成、钱立峰，有这一桌人，宴席的档次一下子就上去好几倍。

爷爷、继奶奶及璜土青石板的叔公、叔婆等，坐在另一桌。外公、外婆特别是外婆，望见了亲家公、亲家母，好生不舒服，但想到生米已做成熟饭，满嘴还只能说着客气话。爷爷突然看到了大先生，他的屁股底下有如垫了一块针毡，随即坐不舒服了。他见黄金喜又说又笑，似乎忘掉了自己，便领着继奶奶，接二连三敬酒表谢意。散席后，他更点头哈腰地把大先生送到大门外。

黄金喜突然收住脚，望着普济街的小马路，漫不经心地冒出一句：“你戒掉福寿膏了没有？”

爷爷像挨上一棒，变傻了，没待回过神，黄金喜又撂一句话：“你生的儿子，肯定要比你有出息许多。”

洞房花烛夜，母亲第一次对父亲的感觉，我认为，好多姑娘当时都无法体会。那次父亲对着镜子刮胡子，我还亲耳听到母亲这样讲：“要说现在讲自由恋爱，有人打死我，我也不会嫁你。不讲穷瘪三，只要看看耷眼皮、癞疤，哪个比你丑？”

那天父亲的下巴涂满肥皂沫，他的老式剃须刀在肥皂沫中间停住，眼皮抬了抬，自言自语：“我看看，还是蛮漂亮的。”

大姨“叛逆”

外公从香港逃回上海，在闸北区的海防路很快就寻到了棚户区。那块旮旯四周围，大多住的是江北人，都说江北话。外公依然开起垃圾店。继承光荣传统的二舅，奋勇发财忙到1941年，终于赚起一丁点银圆。送一点到常州去，外婆也就轻松许多。外公还要在上海的垃圾店第三次发财——前两次都在旱桥头，每一次都发过财，每一次又被日本的飞机炸毁。这一次，垃圾店在海防路，母亲经常这般描绘：外公最初的垃圾店“违章搭建”，仍用油毛毡芦菲先搭一小间；等段时间没人找上门，就在屋边再连接一间，等段时间再接上一间……

母亲说，地皮占得差不多，外公就找帮匠人，推倒那些破棚子，眨个眼，一幢小楼房就竖起来了：门面称垃圾，后院做堆场，楼梯脚底下，炒菜烧饭就当灶披间。二楼、三楼都是一大一小两个小房间。

母亲还经常“总结”说，日本占领了上海，伪政府人“管违建”照样：摆平不摆平，个个捞银圆。国民党“管违建”更是继承发扬。

仍讲海防路的垃圾店，开始能赚一点银圆。只不过除了盖楼房、塞狗洞，二舅结婚时又需要出一大笔，母亲在常州结婚，外婆在鲁家巷，那时候，三个孩子半个家，还是要靠鸡爪去扒食。1940年初夏，飞机场里的茅草新绿色，齐腰深，外婆一把镰刀一条绳，居然还跑飞机场。“割茅草是假，贩私盐成真”，外婆讲给我听过。她说两个乡下人，已有点面熟，专门躲在飞机场边收私盐，说是送到茅山去，卖给新四军。若被日本人抓住，我卖盐，他买盐，都会杀头没处逃。

外婆隔三岔五还是贩私盐。她不懂新四军抗日，只图一个银洋钱的私盐，送到飞机场能变成两个半，贩一趟盐能抵搓半个月的草绳钱。

大家逃难回到常州，伪政府也请大家念起书。外婆索性先让大姨去西直街念小学，接着又让小姨、三舅全都去念书。她钱多多用些，钱少少用点，一碗水端平，免得被母亲怨恨，怨恨到一世——外婆似乎是这般“决定”。

母亲对外婆已有一个“结”——母亲经常对我讲，她7岁开始就被外公外婆送去“帮人家”，“帮”得变成神经病，变成了老姑娘……她的心理也就越发不平衡。“我们一家人，为啥单独欺负我一个？”她一直耿耿于怀。

大姨已经14岁，没有念完一年级，就辍学了——母亲快要出嫁了，外婆既要拼命寻饭吃，还要买菜烧饭做杂事，还要照料小姨和三舅……大姨不接替外婆，外婆哪能像孙猴子有分身法或像哪吒有三头六臂？

外婆六个孩子中，大姨最乖巧，念书那一阵，外婆让她辍学不准她吃饭，她不翻腔，只管空着肚皮上学堂；外婆把她赶出门，她坐石板上，只说等天亮。那时候，母亲会偷偷塞几个铜板让她买大饼油条，还会等到外婆转过身后一把拖她进房间。外婆无奈何，也就望着小犟牛，睁只眼闭只眼，装糊涂。

母亲结婚后，大姨鉴貌辨色，显得更乖巧。她不会烧饭，但会抢着洗菜洗碗；外婆寻扫帚，她抢先扫地；外婆端脚盆，她就端小凳、端点热水给外婆。她知道，每晚只要有辰光，外婆就会多焐一会“解放脚”。大姨有两次轮流抬起“解放脚”，一只一只搁在她的膝盖上，咬牙切齿地剪起趾甲。之后她就不敢了——外婆的拇趾甲铁硬，热水焐不软，派不上用场。

大姨眼泪汪汪求起了外婆，说：“念完初小后，我专门烧饭洗衣裳。”

外婆心软了，她咬咬牙说：“实在想念书，你念柏老师的私塾吧。”

大姨抹几滴眼泪，离开了西直街小学——一天日语也没学，开始重新念起了私塾。柏老师的私塾就在外婆家隔壁。放了学，大姨三步两步回到家，也真做了好多事情。外婆放了桩心事，却又挂起一桩：那天她去飞机场贩盐，回来依然背一捆茅草，突然间想起大姨的年纪，算算真的已经15岁！再不替她寻一个婆家，把她拖成“葬不出去的陈棺材”，不又害了她！

大姨不声不响跑掉了。外婆寻遍鲁家巷的每一个角落，该问的人，她都问了，大姨竟然没留下一点蛛丝马迹！小姨13岁，不大敢喊饿，三舅8岁却早饿得喊不停。外婆强撑着身子烧起了晚饭。这时候，优哉游哉的大舅妈不知怎么走到灶头边，吐出一口瓜子皮，居然说：“前几天，上海安达纱厂来招工，秀妹不会跟他们一起走？”

挨过外婆一巴掌，随即又被外婆分了家以后，大舅妈还是第一次与外婆搭起讪。她已不再搓麻将，进入大成布厂后不久，做事活络，嘴巴也活络，还真当上“拿摩温”（英文numberone，第一号，指旧上海英国纱厂车间里的工头）。大嗓门、手凶狠，若再与母亲对阵，嫂嫂“刀刀能见血”，姑娘是否照样“剑剑有要害”？不知道。至于这一次，外婆则认为，大舅妈连招呼都不打，她当然只顾点茅草燃结，其他不理会。火苗呼噜噜地腾灶膛，外婆的脑子也突然亮堂起来，扔下拨火棍，跑进天井朝着二楼就喊大舅：“你赶去邮电局，打一张电报给上海，喊你的老子到安达纱厂去看看，秀妹到底在不在！”

大姨还真进了上海安达纱厂的花名册！

大姨躲进安达纱厂的车间不肯露面。外公的脾气上来了，他撸撸袖口准备冲进铁栅栏。安达纱厂不是垃圾店，那一对厂警已挺着胸站在面前，犹如两堵高墙赫然挡住了去路。外公呼哧呼哧向后退，蓄足气，准备重新往前冲，厂警又很轻松地挡住了。

外公暴跳如雷，遥指栅栏怒吼：“你这个小赤佬，死在安达纱厂我没办法，哪一天回家，你看老子敲断你的两条腿！”

外公在“等”大姨“投降”。等到第五天，大姨没去海防路，没回常州鲁家巷，连音信都没有了！外公叹口气，只好关照二舅妈，让她寻几件衣裳送进纱厂去给大姨换一换，顺便摸一摸到底哪儿喂的迷魂汤！

大姨后来告诉我，她独自报名去上海纱厂，只想做个“新女性”——14岁，才读一年级，离开西直街小学，她竟恰好记住这个新名词。大姨还说，当时的理解，只是不要一辈子守在家里烧饭洗菜带孩子。

大姨的理解真伟大。

春江水暖鸭先知。上海安达纱厂招工的消息，还是大舅妈从大成一厂带来的。大姨一直讨厌大舅妈，且特恨她吵骂母亲，向外婆顶嘴。这一天，她在后院的灶披间洗碗，看到大舅妈在侧门口，正对着隔壁三五个邻居讲上海安达纱厂到常州来招工的事情。声音一阵接一阵，大姨觉得比音乐老师的风琴还动听。不知不觉凑过去，甜甜喊了一声“大嫂嫂”，问道：“上海安达纱厂真的来招小姑娘？”

听着大姨的讨好声，大舅妈的“拿摩温”更加来劲了：“那是英国人办的上海纱厂，还会假？”

大舅妈并不知道安达纱厂竟是常州大成一厂的刘国均办的！刘国钧是常州人。安达纱厂的设备、资金以及管理人员，都是他从常州撤向上海“孤岛”后派起的用场；他请英商代办当经理，请英国人任董事长，到常州招收子弟兵……

大姨又问：“英国人办起上海的纱厂，还有书念吗？”

大舅妈说：“纱厂会教你念书？亏你想得出来。”

大姨失望了，迟疑了一会，又喊“大嫂嫂”：“你带我去报名好不好？”

大舅妈说：“我不敢，我会被你妈妈打死的。”

大姨顿时放下脸，别转了身子。

大舅妈又好笑又好气，见她竖直耳朵不走远，故意面对侧门口，压低一些声音给邻居说出了报名的地点。“谁要告诉她，出啥事情和我没关系。”

大舅妈知道大姨鬼精灵。这一次，她若真的想到纱厂去，不用花费大工夫，就能从邻居的嘴里套出报名的地点；她若真去了上海，把外婆“人肚子急出狗屎来”，更替大舅妈报了外婆的一巴掌的仇——

大姨还真遂了大舅妈“报仇”的愿望。

上海安达纱厂三班倒，女工宿舍几十间。海防路上的二舅妈来回跑了四五趟，最后在宿舍门口候到了大姨。大姨已削瘦许多，脸上更堆满疲惫。她收下了衣服，不肯跟着二舅妈去垃圾店，更不愿意回常州帮着外婆烧饭洗菜带孩子，接着嫁个好人家。

白梅与樱花

小姨、大姨的性格脾气不一样。小姨退伍调到杭州工作时，我才4岁。母亲带着我，特意乘上火车去“望望小妹子”。小姨85岁那年，仍记得清清楚楚，记得我们一起拍照的模样。

我也记得清楚，“文革”开始“破四旧、立四新”，母亲52岁又开始倒霉。那一天，她还收到一封信——她不识字，但识得小姨的笔迹；剪出信封一条线，抽出信纸才喊我来念。我记得清清楚楚，小姨开头写“最高指示”，结尾是“万岁万万岁”，其余所写的都是不该写的那些话。我非常愤怒。小姨是母亲从小带大的，母亲现在挨斗了，她白纸黑字竟当场绝情，并且表达“分清界限”“断绝关系”的决心……母亲叠起信，藏进衣裳袋，很宽厚地笑小姨：“你这个人啊，树叶掉下来怕砸破头，胆子太小了。”还特意讲给我听，小舅小时候被人家欺负，她不但不敢帮句腔，还躲着，躲到人影子都看不见……

“文革”结束后，我谈论小姨“为人做事不厚道”，母亲更坦然辩护，说：“小姨夫家是富农，‘文革’斗得半死，她与我断绝关系，我的那些罪名就不会再牵累小姨夫，你说有啥不好？”

母亲就此还讲给我听，说在1942年大姨进纱厂近两年时，小姨念书的钞票已由父亲交付了。我曾问小姨："父亲为啥要请你念书？"小姨说："我只管念书。谁付的钞票，要付多少，我从来不问。"

父亲1939年与母亲结婚时，他聚起的那点银圆全都用光了。也是1939年，常州成立的伪政府"发展经济"，黄傅成将关了门的永丰盛改名换姓"协记"，做木行生意，仍请经理钱立峰负责，请父亲当小职员。父亲由此仍有一口饭吃。日本人在打上海之前，永丰盛的老板黄西洲去世，黄傅成正式接班。他吃惯现成饭，挑不动硬扁担，听到日本人打上海时，就带着小老婆，从常州跑到汉口当起了寓公，后来伪政府"发展经济"，鼎鼎有名的黄金喜大先生半点不过问，"协记"更是一年不到就关了门，父亲遂丢了木行的饭碗！

母亲讲黄傅成"念旧情"，我觉得那是"黄傅成老板觉得父亲作孽"，觉得"日后还能派用场"。他在1940年特意介绍父亲到惠丰米厂去当记账员，让父亲多少有口饭吃。母亲告诉我，西门外一带开始恢复米行、油行的生意，父亲记账领薪水，有机会也做起米行小生意，后来再搞副业多赚点……他替外婆去付小姨的学费，当然是"应该"的。

若讲小舅的性格脾气，母亲说与大姨、小姨"截然相反"。她说小舅是个"闯祸坯"：不声不响去闯祸，闯了祸也不声不响。1942年小舅已念三年级，母亲仍住在黄家祠堂，离外婆家四五十步路。大哥虽4岁，知道小舅放了学会经过祠堂，到那时就会站在门口眼巴巴地等小舅。等到了小舅，他会黏住小舅的屁股，摆动着，仿佛一条小尾巴。只不过，用不了多久，他的哭叫顺着风又会传进母亲的耳边。母亲于是跑进宅院去，一把按住小舅的手脚，喊大哥去打他的屁股。母亲骂小舅是“吃屎的娘舅”，或者拍打小舅的屁股逗笑大哥。母亲讲他“闯祸坯”，一大半是恶作剧，喜欢变着法子招惹大哥哭。小舅读到六年级，他闯起的大祸，幸亏母亲、外婆不知道，要不然，换句大舅妈的话，非得“人肚皮里急出狗屎来”——

清朝龚自珍有一首诗，其中“天下名士有部落，东南无与常匹俦”里的那一个“常”字，即是指常州府。日本用武力轻易征服了常州，却又不知天多高地多厚，也让常州小学生们学起了日语——不肯念日本书，可暂时学讲几句日本语。西直街小学暂时设立两个日语班，小舅不肯去念“汉奸班”，却欢喜钻进“汉奸班”里去跟“汉奸”学讲日语洋泾浜——那一段时间，他喊“八嘎呀路”，也把“沙扬娜拉”（日语：再见）挂在嘴巴边。

一个礼拜天，小舅约同学到红梅阁去玩。为了甩掉“小尾巴”，他仍先拧大哥的耳朵，惹他哭，音量越高越派起用场——母亲会很快跑来。小舅这时候会向大哥挥挥手，喊声“沙扬娜拉”直奔进后院，再从侧门口钻出，一拐弯又钻进一条小夹弄。这条幽深狭长的夹弄通到鲁家巷。小舅钻在弄堂口，探半个脑袋，望见母亲循着大哥的哭声已经赶到外婆家的大门口。小舅紧紧贴着夹弄口。母亲骂着“吃屎娘舅”才跨进大门，他喊声“沙扬娜拉”，野猫似的蹿到了对门的同学家。

小舅他们四个小孩子，绕开鲁家巷，从何家花园插进长沟弄，再从普济桥，一直拐到怀德桥——不是沿着长沟“弄”，就是围绕运河“桥”，你闹我追一真奔到红梅阁。

红梅阁据说始建于北宋，现存的那一座则是光绪二十六年

（1900年）重建的。日本强盗1937年炸文笔塔，隔壁的红梅阁幸亏没遭遇轰炸，小舅他们跑到周围，有树有草还有鸟，最好看的还是梅花。

红梅阁附近已经驻扎一支日本人部队。

据说文人墨客以前常聚会。清代文学家、诗人赵翼写过“江山代有人才出，各领风骚数百年”，也写什么“出郭寻春羽客家，红梅一树灿如霞”。瞿秋白在常州喜欢写白梅：“春意枝头闹，雪花满树开”——那天白梅恰盛开。白梅跟樱花，差不多。中日1972年复交，常州不是在1980年就是在1979年，还去日本引进樱花来，在红梅公园竟轰轰烈烈地开满了。小舅这个“闯祸坯”当年自不懂樱花，他一眼辨别的则是白梅丛中嬉闹的不是常州人，而是三个一二年级学生模样的日本人。

从东洋带来的三个小日本，他乡作故乡，白梅当樱花，嬉闹一阵正要登上红梅阁，四个以小舅为代表的常州人悄悄地将小日本分割。

其中三个常州人包围了两个“小日本”。小舅他单独拦住了那个最小的日本人，喝令他鞠躬。

小日本望了望小舅，摇摇头。

小舅学起西瀛门前的日本兵，骂一句“巴格”，转到了“小日本”身后，对准他的屁股就是一脚尖。小日本惊恐万分。小舅骂他“猪一样的不懂鞠躬啥意思”，于是自己鞠一躬，讲清楚意思，再次“喝令你鞠躬”。

小日本讲声“哦踢你（おきに）”，向小舅恭恭敬敬鞠了一躬。

大阪的方言是“谢谢”的意思。小舅却恼火了：你踢我？抬起腿又踢了他一脚。没踢到，便拧住他的耳朵骂：“我让你踢！你踢啊！”

小日本哭了。小舅像拧大哥那样轻轻地又拧他一把，喊大家“撤退”：“沙扬娜拉！沙扬娜拉！”

他们丢下三个小日本，撒腿钻进了树丛。“不是围绕运河‘桥’，就是沿着长沟‘弄’”，小舅满头大汗回到鲁家巷，看到搀着大哥的母亲，想溜已经来不及。母亲没抓他，也没骂“撒野”，只是告诉他，外公从上海回来，有话跟你讲。

小舅忐忑不安地站到外公面前。

外公曾决定，小舅小学毕业后，就送他进武进县立师范去念书——不要付学费，更想在朱家门上教出一个大先生。但今天他想带他去上海念书。外公以往提起日本人，牙齿一颗一颗咬得格格响，这一次还特意讲给小舅听，上海这一家学校还是日本人亲自创办，老师讲课都讲日本话，学的更是日本书……

外公想等“闯祸坯”表态。

小舅先说“打死我也不去汉奸班念书”。等了会，又告诉外公：“我早就会讲日本话。我念给你听：沙扬娜拉！哦踢你！还有巴格……”

外公没有发火爆脾气。他好言好语劝小舅，而且讲给外婆听：日本人开的那一所学校，招大人，也招小孩子；要男生，也要女生，而且都登记。念到初中或者高中毕业，都会推荐他们进日本洋行，个个派用场。做上三五年，要是当上了买办，半爿洋行还会变成自己的！外公越说越有劲，日本势力越来越大了……

外婆居然插嘴说什么日本教的书想想还蛮好，日本人在常州也办起蚕桑学堂，鲁家巷里几个学生子，都报名去念了。丹阳无锡苏州这一带，蚕桑学堂也在办，学成后薪水不会少！外婆还讲三堡街的恒源畅，被无锡人买下来，先学日本人染织洋布，很快也发财了……

三年级的小舅仰着脸，如此问外婆：“你不恨日本人？我恨！”

小舅75岁那年曾经说，他想了很久想不明白，日本飞机炸毁上海垃圾店，常州鲁家巷的宅院被土匪烧掉，按理讲，外公外婆应该恨透日本人，却为何要让孩子去帮日本人做事？自己刚懂事，为啥恨透日本人？

小舅还笑着自嘲：“小人会记仇。那年我才11岁，小人嘛。外公外婆他们是大人，记仇归记仇，发财归发财，两回事。做大人，就得擅长就事论事过日子。”

小舅有三个儿子，他先后送两个儿子去日本“洋插队”，流连二十多年已忘返，是否因为“就事论事过日子”，我没问小舅。

怀里捡到金饽饽

黄家祠堂里

鲁家巷口的永丰盛、黄家祠堂及宅院都是黄傅成家的。永丰盛改“协记”，后来关了门。父亲住在黄家祠堂，眨眼四五年，仍没有挪动。

黄家祠堂七八间房，房客搬进搬出的，四五年一直不断线；一家家盘点，除去父亲和母亲，竟然都是落毛的凤凰！落毛的凤凰不如鸡，杂乱的黄家祠堂更像鸡爪子扒过：偌大的议事厅，各个房间旁边堆满了杂物；每间房间的门口腾着一张台子、四五张板凳或椅子，可坐下来吃饭。只不过，父亲母亲的小方桌一直没有搬进偏屋。父亲“穷瘪三”，母亲不是烧青菜豆腐就是烧豆腐青菜，即使蒸一碗鸡蛋，炖一口小鱼汤，方桌放置饭碗一样怕坍台。

父亲母亲要面子，更何况搬进黄家祠堂的程祥生，之前还是木行的老板！父亲15岁那年，在源丰恒学木行生意，已经认识程祥生。当时程祥生锦衣玉食，程师母的娘家人更显赫，乾隆时期的顶戴花翎还一直戴到了民国。

程祥生在黄家祠堂发现了父亲，要搬出去也来不及，还羞羞答答躲避了好几天，最后也只好碰头。他像唱戏佬，他乡“突然”遇故知，“久别重逢”的一番“亲热”后，便破口大骂日本人。他滔滔不绝地讲给父亲听：他们逃难逃到了丰义，伪政府成立了半年，他才回到常州。结果城里的房子大小有三幢，竟被日本人炸得精光！他前后不知搬过了多少回……

程祥生去上班了。两个孩子正念小学。程师母烧饭洗衣裳，带着小儿子，还经常把他关在房间。母亲自然而然地向程师母释放感情，好几次见她坐在房门口择菜，母亲便凑过去，有话没话地搭讪。程师母面带微笑，眼神很专注，但三句不肯换一句；换回那一句“应和”，还不关痛痒。

母亲很像“上海垃圾店的人”。如何“像”？可意会而不可言传。母亲认为程师母为人做事隔着一层纱，柔和且模糊，探秘的兴趣逐渐浓厚。她蹑手蹑脚瞄了好几次门缝，瞄一次觉得找一次麻烦：程师母眉清目秀，正在整理房间。她瞄一眼，回屋自己收拾了半天，仍觉自己不顺眼！程师母面对窗口绣着花，她瞄了瞄，回家捏一根线，自己补起来，又想办法学起绣花来！程师母捧一本书，有小砖厚，抿着嘴唇独自笑。母亲瞄着她，先发笑，接着勾起了对外公的怨恨，念书的欲望忽然“返青”，便请父亲当她老师。

作为惠丰米厂的记账员的父亲，抱晃着大哥满口答应着。母亲感觉他“好心”，后来又说他其实想“派用场”。派些啥用场，各人可谓有各人的理解。先说第二天，父亲下班回到黄家祠堂，关起房门摸出一本小册子。母亲赶紧吃过晚饭洗了碗，哄着大哥睡着了，吹熄美孚灯，拉亮了电灯泡。她端起不识字的小册子，端端正正地放在小桌子边上。

父亲取出了几张纸，从大襟上拔出记账的钢笔，故意清了清喉咙，板书后说：“今天第一课，教你《女儿经》。你先好好听，可以题外题。我先念一段：女儿经，女儿经，女儿经要女儿听。第一件，习女德；第二件，修女容；第三件，谨女言；第四件，勤女红。”

母亲全神贯注，父亲也一本正经地解释：大人家，让教女儿学“三从四德”，方可称之为“好”。“四德”是啥？一妇德，二妇容，三为妇言，四妇功。

母亲听不明白“四德”是什么，于是说：“你先讲‘三从’。”

“想先学‘三从’”，父亲说，“不算难。你记住‘未嫁从父，既嫁从夫，夫死从子’三个规矩，就能当起太婆婆。‘三从’啥意思？结婚前，你一定要听老子的话；现在呢，说话、做事都要服从我；我死后，你要听从儿子的话。”

“哦。”母亲明白了意思。又问父亲：“这本书，还真这么写？”

“那当然。”父亲说，“这些字，已经记下好几百年了。”

“哦。”母亲说，“按这本书上的规矩，我这世就不能做你的主了？”

父亲得意扬扬笑道：“明朝写的这本书，哪个肯错记？”

母亲忘记压嗓子，吵醒了大哥，他拉出一泡尿。母亲连忙抱他、收拾着，用足哄他睡觉的调头，点起父亲的鼻子冷冷地说：“你买的那本书，来教我念书，太下作！”手一撸，她连书带纸带钢笔，哗地全拨到地板上。按哄大哥睡觉的调头，她冷笑着说：“你求我，我也不要你教了。”

母亲念书的欲望，在外公教她“人之初”之后，父亲教一次“三从四德”，深深地蘸着辛酸刻进她的脑海里。

“我若有书念，哪个工作找不到？谁还一世‘帮人家’？”母亲这些话，我一次一次咂味道。酸甜苦辣，各式各样的味道，尝也尝不完——

母亲在娘家时，没念书，只不过也当惯了“老大”。

父亲做老师“下作”，母亲索性不再学程师母念书，但其他的事情，依然不服输。程师母一家在黄家祠堂的房间边吃饭定下的规矩都不变：大人没端碗，小孩不准动筷子；搛菜的筷子不准戳到别人的碗前，更不准在菜碗里乱翻；不准看人家吃饭，等等。这些规矩也很快转化。

母亲也察觉守住孩子“不准吃人家东西”的规矩不容易！搬到黄家祠堂的金师母，绍兴人，她买小菜经济又实惠。有一次就教母亲制成黄豆酱：黄豆先煮熟，拌上面粉捂出绿霉，摊开、晒干后，再装进瓮头，灌盐水。然后靠日晒夜露，酿成特别鲜的黄豆酱。母亲晾晒一大瓮酱瓣豆，可以吃一年，有时当酱油还特别鲜。母亲还学会用苋菜根、冬瓜皮之类在烂“臭水”里浸“臭豆腐”：闻气味发臭，若油炸，特别香！

母亲从瓮头的“臭水”里，还真捞出已经变“臭”的豆腐，冷水洗一洗，竹篮子晾干，放进小油锅里炸起来。才炸四五块，“臭豆腐”的香味已弥漫黄家祠堂。程师母的小儿子，第一次悄悄地靠近了母亲。母亲小碗夹起两块“臭豆腐”，调一点佐料，塞进他手里，不说话。抬一眼，程师母已走过来，于是笑呵呵打招呼，说：“刚炸的臭豆腐，请你家小儿子帮我来尝尝味道……”

程师母笑着说："香！我的鼻子都差点拉掉。"她和颜悦色陪着小儿子吃完臭豆腐，谢谢再谢谢，牵手回到了房间。第二天，程家小儿子一看到母亲，轻轻喊一声"阿姨"，随即离得远远的。母亲一下子就看透是程师母施展了魔法。只是想不通，这点臭豆腐真的能"害"小孩子？

只不过，她仍学着程师母。我在懂事那一年，也馋嘴喜欢吃好东西。母亲也像程师母那样和颜悦色陪着我，让我享受了一回，手拉手地回到家。如何"教育"我，更有特色，我也第一次暴露：她一把掐住了我的大腿根使劲拧，腿根那个位置皮肉松，一把拧，"青紫绿叶"就是一大片。我的嘴馋变成了"难为情"。夏天穿着小裤衩，我还设法不让别人察觉出受过"酷刑"！

母亲总滔滔不绝地教育我"为人为事"的"大道理"："嘴馋贪吃，眼馋爱穿；缺吃少穿了，更难免失志！你'穷不失志，富不癫狂'才能算个人！"

母亲还多次问我"记住了没有"。

"富不癫狂"的含义，我是后来理解的；"穷不失志"也不大懂，但真的一下子就记住了，自此更不越雷池。

母亲学习程师母教育给我的好些规矩，我曾传给了孩子，希望他们继承和发扬——国家没有这一类政策，是哲理——他们开始也笑我"神经病"。

母亲炸香"臭豆腐"的第三天下午，房门忽然被敲响。拉开缝一看，竟是程师母！母亲连忙侧过身，请她屋里坐坐。

程师母站在门槛外，笑着说："你家两位大客人来了。"

母亲再一看，身后还真站着爷爷、继奶奶。继奶奶弯下肥大的身躯，大手伸向小房间——摸着一把小糖喊：“我的心肝头，快点来吃糖。”

大哥已2岁，看到“陌生的”爷爷、继奶奶，即躲到母亲的身后。

芦柴棒似的爷爷，跟随肥臀的继奶奶，先后跨进了房间。程师母也识趣地离开。母亲关起房门放下脸，说：“你们今天过来做啥事？”

爷爷有一点生气：儿子媳妇结婚两年多，这个小房间他才第一次进，竟然没有请他坐，没端杯开水，还没句好话！爷爷硬是撑住笑，瘦骨铃铛地对母亲说：“我们搬在对面的张家，想请儿子帮我寻一口饭吃。”

母亲仍没好声地说：“他6点半归家。”

爷爷用嘴巴按住拳口轰轰地咳嗽，瘦骨嶙峋的身体在可怕地跳跃。

继奶奶的糖果没法塞进大哥的手里。看见爷爷咳嗽了，她一急，将小糖顺手搁在小桌上，便帮爷爷捶起了后背。待爷爷咳嗽平息了，继奶奶不再提糖果，她收敛笑容拉着脸，喊着“媳妇”说：“麻烦你，我的儿子回到家，请他去张家小屋，我有要紧的话讲。”又挽着爷爷的胳膊说：“老头子，我们回家吧。”

临出门，她扭过头，又喊大哥“心肝头”，说：“小桌上的小糖是奶奶买给你吃的。孙子长大了，也得养你家爷爷、奶奶防老。”

“清明上河图”

从明朝中期开始，常州的木行便争前恐后、一步一步向发财进军。再早些，那得讲起隋炀帝凿通京杭大运河，其中镇江至杭州那一段，如今已被称作“苏南大运河”。苏南丰富的稻米，国家便由此贮存、运送。到明朝，漕粮沿途转运的中心，在常州，东仓桥开始筑起东仓库；在西门外的西仓桥，筑起的西仓库更大。西仓库也称作“廒”，发展到明朝后期，更是扩展到200多间！转进转出的皇粮，转到21世纪初竟有五六百年了！

常州何处曾被父亲称之为“清明上河图”？西门外的两岸也！从怀德桥的米市河、西仓街、三堡街一带，约莫三四里路吧，两岸的米厂、米店以及船上、码头挑进挑出的米箩、糠箩等，可谓“车水马龙”。从1937年起，常州的木行生意很难做，米行油行却慢慢“恢复”。父亲到了1938年，便进入惠丰米厂，到1941年，他还介绍爷爷在西仓路的小米厂去记账打算盘。爷爷与继奶奶的日子也过得安稳许多。我曾熟悉的老先生叫蒋好正，也是常州米行的大老板，有10个孩子。

1986年，常州首先决定拆掉西仓桥，将1447年建造的三孔石拱桥拆除，建设一条新西仓桥。后来“钱不够”，改成简单的浮桥。明清时代的西仓库，纳入国营常州第二粮库。改革开放后改为股份制，租赁给了几家废品收购店。到2000年左右，“廒”被拆光，清代有名的常州油厂被拆掉了，闻名的普利油厂也被赫赫有名的大老板，建成“大运河畔美丽的‘璞丽湾’”；大运河被列入世界遗产名录中，就在“大运河畔美丽的历史文化的名城”，就是“清明上河图”。

仍讲常州的米行。眨眼到了1941年，父亲仍在惠丰米厂管记账。日本人在常州横行，西门外仍有新稻上市，拉纤摇橹敞口船，还是堆稻米。难得三五天那一带“靠停大大小小的稻船，挤得大运河上狭得窄道变成了缝口”。家家米行的洋砻，还是日夜砻新米；大大小小的码头，还是挑箩担上稻，或者挑砻糠下船。运河的沿岸，板车、独轮车送米添出许多热闹。

这一天，父亲按时下了班，母亲站在黄家祠堂房门口，拎起干毛巾，上上下下地替父亲掸灰尘。米糠上的灰尘掸干净，父亲洗把脸，端小板凳垫屁股，把大哥也拢抱进怀里。父亲这时已非常幸福。

麻利的母亲悄无声息打开稻草窠，端出了炒青菜、炒虾仁；揭开饭锅盖，又端出了嫩豆腐；随后盛出三碗新米饭，摆上小方桌。

父亲用调羹挖了一口嫩豆腐。没想到，这么鲜！他忍不住又喝了一口，接着埋怨母亲：“不过年过节，你烧这么多菜做什么！”

母亲只是多炒一碗小青菜。青菜还是大舅割下由外婆送来的。大舅进了西仓桥的木行后，没去重新换，不过收回了外公一直委托堂兄代管的三分宅基地。以后下了班，他回宅基地种萝卜青菜。父亲“穷瘪三”，大舅哪敢“笑”母亲，只是说：“你喜欢吃啥菜，只管拔就是！”母亲“穷不失志”，宁喝酱油汤，也不去碰大舅一张菜叶子。外婆把青菜送到门口，她再不收也不好意思了。

由此母亲买起嫩豆腐，准备炖。黄家祠堂大门口，卖鱼佬又兜来了生意。一看是江虾，红眼睛薄壳，嫩肉一肚籽，于是还个价，索性称一斤——价值半斤猪肉钱。随即请金师母教烧“河虾三吃”来：第一“吃”，洗出虾籽熬酱油，鲜得眉毛会掉下来；第二“吃”，捏出虾米炒虾仁，结婚、请客都派大用场；第三“吃”，剩下的江虾壳剁成细末用豆油煸。江虾壳末炖碗嫩豆腐，母亲第一次浇了一点虾籽酱油，父亲才尝一口先喊“鲜”！他的埋怨母亲只当耳边风，并且兴致勃勃告诉他：“家里有菜芯。余下的虾壳末，明天掺一点肉糜，我做‘狮子头’给你吃，要不裹馄饨给你吃。金师母讲的，虾壳末掺青菜肉馅里，吃起来，还跟蟹黄味差不多。”

吃了几口饭，母亲又起身，拿只酱油瓶给父亲看，说：“虾籽酱油已熬出半瓶！你下一碗面，倒点虾籽酱油拌一拌，一样鲜得淌馋水。”

父亲看了眼，“唔唔”应着，放开大哥闷下头，开始扒饭。

母亲挖一调羹虾仁给大哥，说：“他不吃，我们吃。”又挖一调羹，骂着“阴死鬼”，再将虾仁倒进父亲饭碗里。她自己捡两只尝尝，还真鲜！

父亲吃一小碗米饭，放下筷，拿起调羹心不在焉地喝了两口嫩豆腐。

母亲有一点疑惑，说：“你有啥心事？”

父亲笑笑说：“米厂里做记账，还有啥事情！”

母亲盯住父亲的“耷眼皮”追问：“啥事情，你讲我听听。”

父亲懒懒地说：“真没啥。那个船上的刘老大，你也认识的，今天寻到我，对我说，那一条船舱底，约莫能刮10担稻出来。转个手，估计能赚一二十个银洋钱。”

何谓“舱底稻”？留在船舱底的残稻也。船舱的稻米卸得再干净，多少还能扫出四五十斤稻来，有点小手脚，“损耗”一二百斤稻米也属正常。要说撑船佬是贼婆婆，作孽也说不作孽：舱底扫出的稻米，三钱不值两钱地去卖给米行熟悉人，不是分银圆，船老板、撑船佬好酒好肉一起吃他好几顿。

母亲在垃圾店里看惯生意经。听到父亲想做生意想发财，母亲情不自禁坚决支持：“你不赶紧去买‘舱底稻’？”

父亲说：“家里那几只银圆，派不到用场。”

母亲说：“我去找母亲，帮你借点来。”

父亲说：“别！借来了，我也不会去买‘舱底稻’。”

母亲收拾着碗筷，有点气鼓鼓：“你有大本事，养一个二流子，不照样发一世大财！”

父亲蒙了：“你说哪个二流子？还发一世财？”

母亲说：“还有谁？你的老子鸦片鬼、胖子‘殷秀琴’都是二流子！二流子搬进隔壁的张家，你先介绍鸦片鬼进米行记账、打算盘，胖婆子烧饭、吃饭、抽烟筒……”

父亲说：“还是听不懂。他歇生意了？不会吧。我得去隔壁看看。”

母亲喊住他：“我关照你，我的饭都吃不饱，你还去养鸦片鬼、‘殷秀琴’，我立马抱着儿子就回娘家去，让你‘三从四德’去发大财！”

母亲越想越发火：“我一天只有三个铜板买小菜！你不要我点电灯泡，只点美孚灯，还只许火头拧得黄豆大！烧一顿饭，你要两根豆萁对准锅底尖！你节省的钞票，就是供应给他们抽鸦片，对不对？”

“他早就不再抽鸦片，”父亲说，“他咳嗽咳得喘，我还真的去看看。”

“你是孤儿院里出来的，怎么冒出一个老子来？”母亲把“贫儿院”称“孤儿院”。我对两者的区别也是在插队之后才恍然。

“我是孤儿，也不是从石头缝里蹦出来的。”父亲一边说，一边往外走。

母亲抱着大哥没有回娘家。她坐在床上，六神不安地等着父亲的结果。

父亲回到了房间。他对母亲说：“没啥事，我定心了。”

“你没摸点银圆去给鸦片鬼？”

父亲说：“他在米行里记账，够用的。”

母亲松了一口气，再想想，总归要“养”鸦片鬼。第二天早上，她索性把一只袜筒子递给了父亲，说：“你买舱底稻去吧！”

父亲觉得还蛮重，拉开大袜筒，竟然都是袁大头！有一点惊讶，说：“你的陪嫁全拿给我了？”

母亲说：“你是怎么知道的？”

父亲说：“你带来的梳妆箱，我搬搬，比石头还重。”

母亲说：“做贼不用教！我对你讲，这笔钱全部要还的！”

父亲第二天下班，母亲仍拎一块干毛巾，先替父亲掸灰尘，接着端起青菜芯，还有“狮子头”——肉糜掺了虾壳末，特鲜。她悄声悄气再问“舱底稻”。父亲悄声悄气告诉她：“蛮便宜。”

在惠丰米厂的一路，父亲并非单靠“舱底稻”赚钱。他在新稻上市时观察到，新米越便宜，他用母亲的袁大头买得越多。他靠记账的“牌头”将自己新买的稻米，堆进惠丰米厂的廒库！过了年，米价上涨了，父亲有多有少全部粜出！贱籴贵粜，到第二年，新米“白吃”且不说，他在惠丰的账上还有七八十担稻！

父亲还瞒住母亲，爷爷“白吃”的新米，也由他送了。

母亲也没讲给父亲听，她用虾壳末裹的馄饨送了两碗给爷爷尝尝。

脚踏两只船

谁在笃笃笃地敲门，还问："老桂在家吗？"

父亲望了望母亲。

母亲也望望父亲——父亲姓"汪"不姓"桂"，他28岁，还没有称"老"的资格。若以年纪冠之"老"，他更配不上。

房门口，依然笃笃敲着喊"老桂"。

父亲名字里倒是嵌着"桂"。汪家族谱的"忠孝文章，信义正形"中，爷爷排"章"字辈，父亲这一辈按理轮到"信"，就是他的名字应该嵌个"信"。然而算命先生排八字，水木金火土，他的五行独缺"木"，于是将"桂"啊，"森"啊一股脑儿都堆成名字。一听"桂森"还能谐音为"贵生"，爷爷即认可，将汪家的"忠孝文章，信义正形"离了谱。

母亲没考虑那么复杂。她举起美孚灯，推开一条缝，程先生的半张面孔一下子露到了房门口。她连忙迎前喊声程先生，让进来，顺手拉亮了电灯，又很客气地说："我家一塌糊涂的，没有程师母理得清爽。""大人家"的人进房间还是第一次，母亲有些诚惶诚恐。

发现程先生还真的称"老桂"，父亲连连招呼："程先生，劳你亲自跑过来！有啥事，你让孩子喊一声就是。”他奉承着，又小心翼翼琢磨着：程家的木行老板，为什么降低身份尊称自己“老桂”？

程祥生又喊了声“老桂”，说：“你还不知道，我已经歇了一个半月了，再不找点事情做，一家五个人都要出去讨饭了。”

小房间，没有椅子。母亲端一张小凳，摆在程祥生的身边笑着说：“等到你家都讨饭，我家三个人都快饿死了。”

程祥生笑着与她拉扯了两句，又对父亲讲，他转来转去寻生活，竟发现常州几十家木行，有好生意的没几家，关门的人家倒不少。

这年已到1944年。这一天，程祥生没提米行，只与“老桂”谈木行。父亲仍像阴死鬼，听着人家谈，自己总“嗯”“嗯”。

这一天，程祥生还告诉父亲，他去看望了黄金喜，看精力已不再旺盛。钱立峰刚好也去看望。他们一起在房间讲木行做生意，黄金喜的眼睛一下子又弹足了，说是要稳靠，最好请老桂合伙。

父亲明白他喊“老桂”的目的。母亲却插起嘴，问大先生也就是黄金喜的身体还好吗？

程祥生摇摇头，说：“看样子，恐怕过不了年。”

母亲“哎呀呀”地叫起来：“失礼了，失礼了！明天我们赶紧去！”

拉扯没多少工夫，程祥生要紧讲主题：“老桂啊，我们合伙开一爿木行，怎么样？”

父亲的心头猛一跳！当年躺在源丰恒店堂，一天半夜冻醒，睁大眼，不就是今天他做的梦！

程祥生焦急，不由说："你不要'嗯''嗯'。愿意不愿意，回一句话吧。"

父亲笑着说："性命交关的事，你就不要想一想？"

听他这一说，程祥生想了想，真有一点不好意思了。母亲等到程祥生离开，随即鼓动父亲"赌一把"——母亲只知道垃圾生意赚钞票，日本人侵略后，常州的木头生意有多少风险，她不知道。

父亲第二天上班，用母亲的话讲，没放个臭屁。

父亲没上班。母亲也不知道他请假，大包小包地去探望黄金喜。

黄金喜已明显萎缩。他在床上欠一个身，还费力气。父亲捧住了他一只手，想着他的一次次关照，忍不住抹了好几回眼泪。他有意无意地将程祥生劝他合伙做木行生意，一一告诉了黄金喜。

黄金喜从被窝里伸出一只手，指着父亲说："程祥生老实，跟他合伙做生意，最好你当家。日本人定不下心，木行做旧料定心。心更不能太黑。"

父亲小鸡啄米一样使劲点着头。

拜望过了黄金喜，父亲即马不停蹄，前后转了十几家木行。生意好的还真没几家，几家好些的还真都做旧木料！

父亲顺路赶到了东门，他在那家木行大门口找到了张志远。永丰盛改换"协记"后不久便关门，父亲在这段时间与张志远挺合得来。这时他问张志远："市面的新木，生意还真做不过旧料？"

张志远说："到处都是日本人。杀人放火看起来不多，大兴土木造新房子，大家也不敢。修旧补漏去买旧木料，倒越来越多。”

听着张志远谈论木行行情，想想黄金喜躺在床上仍识透局势，父亲从心底都钦佩大先生。父亲很快理出头绪。第三天晚饭后，程祥生喊着“老桂”走进了房门，嚷嚷道：“土龙嘴口有一家木行，要盘掉，开的价钱不算贵。我觉得再压点价钱，我们索性先买下。”

母亲关上房门急摇手，示意小点声音。她推推父亲，遥指城墙南边的西水关，很激动地悄声说：“你们赶紧盘下土龙嘴去开木行，做生意！”

常州大运河的土龙嘴在怀德桥南边，为分流堤坝，用土石垒成。石龙嘴在怀德桥西边，在南运桥、锁桥之间，分流堤坝差不多。父亲说就土龙嘴还来得及商讨，听着程祥生滔滔不绝讲起计划。

烦琐的木行筹备过程不赘述，且说1944年农历三月初二，日本投降的前一年，当过木行老板的程祥生、当过父亲同事的张志远全都顺着父亲的思路，各自拿出30%股本，一位管记账，一位当副经理，就在土龙嘴的木行门头上换上了一块镀了金的大匾牌——义泰木行！木行的后院已经高高堆起收购来的旧木料。

父亲的想法是在义泰木行雇两位做过木头生意的职员，再招两位“学生意佬”，十四五岁，可以三年不用付一个银圆，只塞一口“萝卜干饭”，好些杂事也不要烦了。

义泰木行开张前，父亲满口应承股本他出40%。他们真心实意定要父亲当经理。然而开张一个月，他的股本金没进账，他也仍留在惠丰米厂里管记账！若讲父亲不急躁，那有点冤枉。这一阵，稻米太滞销，他堆进惠丰米厂的稻米没出掉一半，他义泰木行的股本金更没法去进账了。父亲下了班，还得直奔土龙嘴，打理经理应该处理的事宜。

这一天，父亲仍赶到义泰木行，没料到义泰打烊了！两个学徒已被支开了。程祥生和张志远的脸，一个灰、一个黑地等待着“老桂”。张志远望到父亲，更是虎起脸，张嘴像咬人：“以为你是实在人，我一家一当全投进义泰，只是想不到，你想发财竟然空筲箕淘米！不讲废话了，你说吧，你的股本金啥时到账？”

程祥生喊一声“老桂”，叹了口气：“你也不要怪我们发脾气。你是知道的，志远看中了15间老房子旧料，并且先付了定金，不容易。你也知道的，老屋里面好几根楠木，拆下来，再卖出去，差不多就能收回本钱。然而到后天，拆老房子的款子要付清，义泰木行的账本里，还剩多少银圆了？你说啊！”

他又对张志远说：“调过头来说，也怨我！若依着‘老桂’，晚两月开张，这些事情全都不会有。咳，大家想开点，铜钱有得赚，譬如这批旧料没买到就是。伤了兄弟的和气，不合算。”

父亲喊一声“志远”，平心静气地说：“这两天，我会想法子借点银圆救救急。堆进惠丰的稻米一卖掉，马上把股本金补齐！”继而关照程祥生说：“你再辛苦点，到处转转，问问哪个人家要楠木。有人要楠木，你也收一点定金。到时候，我们先付一半款，另一半还能再缓两天付，不太难。”

他俩先回家。父亲回到黄家祠堂的房间，脑子乱七八糟的，母亲望他阴着脸，也就不说话，轻手轻脚地端出饭菜。青菜碧碧绿绿，糖醋排骨浓汁，一碗酱油虾米汤。父亲不想动筷子，呆望着，吊不出胃口。

大哥遵守母亲定下的规矩：父亲不动筷，他喊“饿死”也不先端碗。这次母亲破了例，还喊大哥“吃点吧”，再对父亲说：“你再不吃，饭菜要冷了！”

父亲于是拨去半碗饭，留半碗，泡上酱油虾米汤，草草扒进了嘴巴。起身说：“我到你妈家里去一趟。”

估计他想借银圆，不到走投无路，他是不肯坍台的。父亲果然叹口气，咕噜了一句：“可惜义泰木行开得早了点。”

母亲连忙说：“我早探过她口气，只剩一丁点，不会再借了。”

父亲坐回小凳上，又坐到床沿，简单讲着事情的经过，叹道：“骑虎难下哦！”

等到大哥睡着了，他依然发着呆，母亲便问道：“你到底还差多少点？”转过身，她拿出一只牛皮长筒袋，吹火棍粗细，丢进父亲的怀里，说：“给你一只乾坤袋。看看你，就这点本事！”

父亲松开袋口的绳索，捏着袋底往床上一抖：戒指、耳环、金镯子，还有一圈“粗铜丝”，照得父亲的眼睛大发亮。

乾坤袋里的金货还有几十个银圆的陪嫁，都是外婆悄悄塞进母亲的嫁妆盒的，这浸润着外婆心底的愧疚。母亲童年、青少年时代失去的欢乐和志趣，外婆也只能用原始的方式去补偿。这时候，母亲又悉数递交给父亲。

对母亲的感激之情，父亲这时无法用语言表达。

“你看看够了吗？”母亲问父亲。

父亲把金货一一捡回乾坤袋，抑止住狂喜说：“还差点。”

“我还有一点。”母亲捏着耳垂脱起了耳环。

父亲连忙说：“够了！够了！”他特意留下一对金镯子，双手奉给了母亲。他用了多少感激、报答的誓言，我在这里也无须赘述。

第二天上午，父亲跑进银楼店，倒掉金货，结清义泰的股本，没想到下午米行的客人竟找过来，说囤在惠丰的稻米，九五折，他全都要了。

父亲一口拒绝了，下了班仍赶到义泰木行，却与张、程两位商量在惠丰米厂还要做一阵，要紧卖掉稻子，还清借来的股本才清爽。

省得父亲来“碍”手脚，张志远满口答应。隔年日本人投降，义泰“临商”贩旧木，生意也越发稳妥，就更不阻碍父亲“脚踏两条船”。

用母亲的话说，父亲的“两条船”，撑得面孔瘦成蚌壳片。然而两头有薪水，义泰木行有分红，惠丰贱籴贵粜舱底稻，他的腰包迅速鼓起来。

母亲但凡提起这件事，第一句话就说，要讲做生意，没有哪个比他刁。

第三章 似沉欲浮

大江南

（1945—1949年）

倾力振兴“永丰盛”

“土龙”三结义

“义泰木行”之名，父亲曾大动脑筋。他讲“义”，典出桃园三结义，土龙嘴边同样“三结义”；泰，否极泰来自此交好运。做人欲“泰”义为先，做事无“义”难转泰。匾牌挂上一年多，日本投降了，义泰木行的旧木料生意舒坦归舒坦，比新木赚的银圆又逐渐削减。只不过，程祥生被日本炸毁的老宅院，彻底修复了。搬出黄家祠堂那一天，程师母带领小儿子一家家真诚告别，讲了好多客气话。母亲学着跟她讲名句名言，这一次她又记住“千里搭长棚，天下没有不散的宴席”。

没多久，母亲走到大街上，想起程师母家住在隔壁的拐弯处，顺路过去正好望望重新大修的宅院。走到大人家的老宅院，忽然间不想进门了，悄悄转回了大街。回到黄家祠堂打开了房间，不知怎么的觉得落魄了。母亲闭着眼睛躺床上，又想远远离开马路对面的爷爷、继奶奶。

母亲连菜都不买，对着父亲刮起了狂风，也飘一丁点细雨。

再住黄家祠堂失身份，父亲不是没意识，只是生意太忙。

母亲让他增强了意识。父亲在惠丰米厂隔壁的隔壁，即大仓弄弄口发现有一间房子没人租，便对母亲说："你先去望望。看不中，我再请人家重换。"

那一间房子有室、有厅、有大院，冬天还"蒲"太阳，母亲挺满意。大哥当时已进西直街小学念一年级，母亲就一个人，用程师母"人穷礼节不能失"一句话，一家一家去告别。金师母依依不舍，母亲也讲起"天下没有不散的宴席"，天晓得。

母亲搬到大仓弄，以后每一天，得知父亲惠丰快下班，她就热汤热水地烧点让他吃两口，提一提精神，他再匆匆地赶往义泰。

再说老板黄傅成，他逃进汉口当寓公，一直躲到日本人投降，携带的细软已所剩无几。这时他带小老婆回到了常州，他倒是要紧筹备永丰盛复业。

以前的永丰盛赫赫有名，在常州的木行还当"领头羊"，日本打过来，他大门一关就是8年。若说伪政府成立，黄傅成即委托钱立峰重组"协记"、请父亲当营业员，实质上是因为永丰盛关门、老板们逃难，觉得停靠在两滩的200多两好杉木被抢光。一年不到"协记"关了门。"临危托孤"的钱立峰、父亲在关门之后也解决了永丰盛遗留的问题。

黄傅成指望永丰盛复兴，首先召回老班子人马，哪知道，除了死心塌地的大老婆死死守住家，再想找一位商量商量，那也得凑起空闲的时辰。这时候，他想起了父亲，于是大摇大摆走进黄家祠堂门。金师母买一斤虾子，挤满了虾仁，正在砧板上剁虾壳末。冷不丁看到黄傅成，忙丢下菜刀，撩起围腰胡乱擦着手，满脸堆笑迎上打招呼。

黄傅成朝她点点头，径直走向父亲住过的偏屋。

金师母跟上去，告诉他：“老桂家在上个月已经搬走了。”

黄傅成不望她，不无讥讽地说：“他也配叫老桂啦。”

金师母不好意思地解释：“程先生喊‘老桂’，祠堂里的人都跟着喊起来。”

推开偏房门，果然空空洞洞的。黄傅成问金师母：“他搬哪儿去了？”

金师母回答：“他们没搬远，就在大仓弄。老桂做米厂，跟程先生合伙开木行，发财了。”

“程先生是谁？他也住黄家祠堂？”

“好像叫——叫程祥生。日本人来之前他已开木行。”

黄傅成不开心地“哦”“哦”着，拔起脚要走，金师母仍跟着他，支支吾吾喊着黄先生，说：“这个月房钱，我下个月一起付，好不好？”

黄傅成不耐烦地说着“好”，摆脱了金师母的纠缠，反而增添莫名的醋意。想了想，索性先到惠丰米厂看看究竟。父亲管记账，全神贯注地正拨拉算盘珠，黄傅成望着，莫名的醋意又莫名消散。就像瘸子找到自己的拐杖，忘乎所以地也喊起“老桂”来，说：“都说你开了爿木行，怎么还在家里算米账？”

常州人把“算米账”暗喻咽气。父亲知道黄傅成对人越亲热，说起话来就越发放屁没遮拦。父亲当然犯不着生气，况且自己还真“算米账”——这两年，他贱籴贵粜又赚起一笔，义泰的进账仍源源不断往腰包流。不差钱，不但船老大送来多少舱底稻，他“严嵩做寿照单全收下”，碰上便宜稻，一趸当又买了二三十担。算盘珠这时没拨完，盘面里已有了150担。

黄傅成自说自话替父亲告了假，便带着他来到近水阁的那张临河雅座边，要了一壶西湖龙井茶，两只小茶杯。他面对面把复业永丰盛的打算一五一十告诉父亲。父亲习惯地“嗯”“嗯”，飞快地琢磨。

永丰盛木行老牌子、大名声，复业后，义泰的生意恐怕难做了！父亲冒出这想法，不是没有点道理。1937年的大麻糕、盖浇面，起名“马复兴”，直到“文革”才被换牌名，之后又恢复，好多靠“老牌子”赚点钞票！

黄傅成没有等到他答复，又说：“你准备啥时辞去惠丰米行的职务？我在永丰盛等你！”说是商量，其实在命令他。

永丰盛刺激着父亲前所未有的野心。他连忙抿一口龙井，盯着水面下绽放的茶芽，掩饰道：“茶，还真香。”

黄傅成说：“你就慢慢品吧。我要去找张老二，招他来。那一年，他的老子贩木头亏本，把他丢在洪都会馆的门口。他现在已跟人家合伙开了爿木行，日子过得不算好。”

这一说，父亲马上知道张老二就是与他共同住过贫儿院的小江西。贫儿院的被子薄，他好几次晚上冻得没法睡，总会突然钻进父亲的被头窝，伸出臭脚抱住父亲捂胸口。父亲随即又联想起程祥生、张志远，是不是一起拉进永丰盛……野心继续膨胀着。

父亲小心翼翼地问黄傅成：“永丰盛募股，我也认几份，可以吗？”

“当然好。你的人过来，三十、五十块洋钱，随你认。”

父亲说："我想把义泰木行并给永丰盛。"

黄傅成的眼睛瞪大了："你和程祥生，还真开了爿木行？"

父亲说："还有张志远，我们三个人合开。"

黄傅成的手拍了拍，大喊："好，你们三个人都过来，我们都是自己人！"他高兴的是永丰盛复业本钱一增大，生意好做得更大。

老字号永丰盛木行，1946年1月1日正式复业！

复业的永丰盛，原始股本1800元大洋。"青岛海尔"在2005年估价702亿元；"阳澄湖大闸蟹"到2009年估价14.8亿元……1945年底的"永丰盛"招牌，也占股本总额的十分之一，即抵180元的"原始股"，也就是不出银圆一张老招牌，黄傅成的股本，已占木行总额的十分之一。他没加银圆股，不是穷，而是吃喝玩乐得银圆没剩多少了。

分析父亲的一系列动作，我推测，属于果断、毫不犹豫的野心。永丰盛原始股本1800元，约合木材600两，他一下子入股200元，竟占股本总额的九分之一！如此出手，出手如此凶猛，黄傅成更始料未及——眼睁睁地望着祖上传下的永丰盛，竟被贫儿院出身的"穷瘪三"轻而易举登上了"第一股东"的宝座！

父亲的野心非常明显，黄傅成果然板起了脸。他不管三七二十一要发作，不失时机的父亲已经请他登上近水阁，坐进了临河的雅座。

父亲忧心忡忡地说："我听你的话，把义泰木行的股本都抽出，投进了永丰盛。哪知道……"

"你哪个屁没放干净，接着快放啊！"

父亲说："我有多少本事你也知道的，跟你跑龙套还欠份火候，你还硬拿椽子给我充大梁！我也只好回到义泰去做小生意……"

犹如搔痒痒，几句话搔得黄傅成舒畅，他说："老桂你不要太谦虚。大先生（黄金喜）提起你，总说你'能人'。永丰盛复业，我更靠你来帮衬。这样吧，你当副经理，我坐在你背后，还怕啥！"

父亲一直心领神会黄金喜的"看局势"。义泰木行没开时，大先生叮嘱父亲"若做起木行生意，最好能'当家'"，还植入骨髓。父亲如愿以偿当上了永丰盛的副经理。张老二、程祥生也心甘情愿当上父亲的左右手。他们三个人又不动声色地将黄傅成架空。只可惜，父亲没有记住黄金喜"心不能太黑"的箴言，由此埋下了无穷的灾难。

父亲在永丰盛默默做大木行生意。黄傅成听之任之无所谓，他关注的只是"月月有薪水，年底有分红"。生意没做满半年，父亲已给永丰盛配备起两只包车。阿三专拉黄傅成。吃过了午饭，阿三会拉起黄傅成和小老婆到南大街的常州书场去听说书。后来他喜欢起评弹，更是白捡一分逍遥和自在。再后来，他看中了一位抱琵琶的苏州人，娶回当了三老婆。

原来的小老婆改称二老婆。大眼睛的三老婆，雪肌玉肤指头弹得破。有一次，她穿着大开衩旗袍，细高跟鞋那么一崴，很不幸仰天跌倒在马路上，旗袍的衩口被扯豁，掀出粉红的三角裤，把修长的大腿衬得更白嫩。两个老头迎面过，急忙别转头，还差一点扭伤了颈根。母亲讲给我听好几次，说是恰好遇到三老婆，瞥了她一眼，面孔也被她羞得透天红。之后她对女儿和媳妇，哪位复古穿旗袍，或穿高跟皮鞋赶时髦，哪怕买起粗高跟，也会用这位美人的遭遇告诫她们当心露出“屁眼”出洋相。所以家族中女性的衣着，在21世纪才开始追赶时代潮流。

遂川“一冲天”

1946年永丰盛复业，股东大小十几位。论家财，父亲倒数第一或第二；若论永丰盛的原始股，被称为“穷瘪三”的父亲，居然列第一。其根源，外婆80余岁时，当着母亲的面称他“有名无实”。外婆难得“评论”老股东，以前她就讲：“一家一当全押下，去发大财，到最后，你说没噎死的剩几家？”

父亲“押”下永丰盛，想发大财，真的挖透了心血。在土龙嘴时“三结义”商洽将义泰木行全都并进永丰盛，程祥生和张志远就一致反对！他们问父亲：“美国打败日本人，国民党会跟共产党打仗吗？黄傅成是永丰盛家的小开，你能看清楚大家的前程？”

父亲“嗯嗯”不再表态了。第二天，独自找一位客商，将自己囤积在惠丰米厂的稻米全部脱了手。下班回到家，将卖稻的支票、义泰木行分得的存折，拨了一下算盘珠。怕拨错，念着又拨了一遍，自笑着：“投永丰盛的股本，我够了。”

1946年，父亲担任了永丰盛的副经理，同时也脱离了惠丰米厂，辞去干了整整七年的记账员职务。

暮霭在玻璃窗外弥漫开。大哥按理该放学，怎么还不见人影？母亲挺着大肚皮，心道：又跑去哪儿玩了？父亲肚皮干瘪得快要饿坏了，他咕噜着要赶去义泰木行，院子里这才响起了动静。他打开大门，竟是张志远，身后不用猜肯定是程祥生，还可以肯定他们又露出了讨伐的凶相。

父亲忙将他们请进大房间，打开电灯，关紧了房门，然后用很平静的语调，说："你们等我把话说完了再发作，好不好？"

父亲压低声音说："我到永丰盛已半年了。盘算来、盘算去，义泰木行的股本，大家不并也可以。"他望了一眼张志远，告诉程祥生："旧料的生意我看已难做！义泰换新木材做，更加不是永丰盛的对手。我觉得祥生还是要去永丰盛。张志远喜欢义泰就留在义泰，辛苦点，旧料卖出去，尽量不要再买回。"

啥道理？父亲这时盯住张志远："你先订下两台锯板机。我们用义泰回笼的资金做本钱，赶紧开爿锯板厂！木头的锯板生意在义泰木行先拉住。永丰盛的客人买木材，我和祥生也好帮着拉去锯板厂。"

"你的锯板厂还要招两位木匠和漆匠，另添两个学徒帮帮忙，管饭不用付工钱，顺便开起一爿棺材店……"

话还没讲完，志远猛地拍一把桌子，喊："老桂呱呱叫！有点本事，幸亏你！"

程祥生兴奋得来回搓摩手掌心。

窗子外面已漆黑一团。母亲、大哥去哪儿了，怎么这时还没有回家！父亲心神不定嘀咕起来。院子里，他又听到了响动。大舅牵着大哥回来了。

大家都吃木行饭，都认识，也都打起了招呼。程祥生察觉大舅欲言又止，识趣地向张志远使了个眼色，一齐钻进了夜色中。

“你的生意还真忙。”大舅没有责备父亲“讲老空”，只是告诉他，一民家娘已快生，住进红十字会了。

一民就是我大哥，老大当然号称“一”。我知道，我家族谱按辈分，“忠孝文章”的大名，此时已经轮到“信义正形”了。金木水火土，父亲据说缺“木”难生存，于是将“木”挤满了大名，已游离开族谱，“信义”的“义”轮到大哥，大哥当然也离开族谱，信手拈了一个“民”。“一民”的俗气和“义泰”的深刻一比较，又硬衬出当初父亲对待孩子是多么随便。

外公外婆及大舅，这时已称母亲“一民家娘”了。

“一民家娘”就在那一天上午，说是想大便，坐进马桶又总拉不出，到下午出“红”，这才知道临产了。她寻了一只网线袋，塞进面盆毛巾之类日用品，挺着大肚皮，就沿着大运河，鸭子似的摇摆着，直赶往红十字会。

经过石龙嘴，“一民家娘”突然想起念书的大哥，一会放了学，回到家不着落，连忙顺着码头登上了摆渡。这是一条义渡船，不用付铜板，只不过送铜板的也不少。“一民家娘”这次登上锁桥弯码头，就送一只铜板给老头，然后摇摆着上了石阶走进西直街小学，关照起大哥：“你放了学，要去外婆家。”又摇摆着肚皮，走过怀德桥，走进红十字会也就定心了。

“一民家娘”的故事，就是外婆讲给我听的。知道母亲进医院，不外乎生一个孩子，父亲定心了，况且大哥已去外婆家吃饭。父亲没饭吃，小面馆里下了一碗阳春面，晃荡晃荡这才赶到红十字会去，找到住院的房间。

护士已将姐姐裹进蜡烛包，让她躺在母亲身旁。母亲告诉我，第二天，父亲又去趟医院，拎着香蕉和苹果，很像探望亲戚的产妇。他抱起姐姐说：“你长得真漂亮。笑一笑，小脸朝着我笑笑。”尔后就走了。

母亲记挂着大哥记挂着家，医院待不住，住到第三天，就喊一辆黄包车，抱着姐姐独自回到家。第四天，就是母亲“坐月子”的第四天，父亲对她说：“永丰盛急得要到江西去收购木头。我也要去。一来一去恐怕要十几天。”

母亲毫不犹豫地说：“我没啥事情好做的，蛮定心。你自己照料好自己。”

房东房客们都帮母亲打抱不平。母亲难得叹口气，摇摇头：“他在家不在家，我都差不多。我自己伺候自己坐月子，也已经习惯。”月子头里不能浸水，她已请一位“散工”，一天跑两趟，洗洗尿布，倒一只马桶。其他的事，她再做也不烦。

父亲还是第一次到江西去收购木头。常州木材市场当时的品种，主打杉木、松木、柳桉木。松木有东北松、花旗松；柳桉木也分为黄柳桉、红柳桉。论销量，当然数杉木最大——湖南产的称广木，安徽产的称安木，江西产的西木又最受江南欢迎。江西人由此纵横常州，木业资产也大涨——譬如永丰盛、譬如黄家祠堂等。所以江西人在常州去世后，或者常州人只要生前沾边木头生意的光，母亲就常用上海话说：“又到江西去贩木头了。”

父亲、张老二是常州贫儿院的“同学”，抗战胜利后，两位一起去永丰盛当老板。这次父亲要到江西遂川买木材，就一定要让张老二陪着。张老二就是江西吉安遂川人。遂川隶属吉安市，境内有革命摇篮井冈山，还有中国木材计量方法的“龙泉摇篮”。明末清初，龙泉乃村镇，遮天蔽日的杉木，让喝龙泉水长大的郭维经父女，竟然发明了这套鼎鼎有名的“龙泉码”——可以量出木材的围径，进而算出木材有多少体积。龙泉码在中国广泛流行，不断完善，一直用了300多年，直到1954年国家实行公制检尺，龙泉码的“木材积表”才停止使用。

张老二带着父亲到了遂川。二人先去一趟龙泉镇，拜访了乾隆皇帝赐予郭维经尚书第“宇宙正气”的牌坊。回到遂川大街上，老兄弟领着父亲、张老二，随即引荐、拜会遂川商行的头面人物。

自从日本打进中国，遂川杉木便一直滞销。这天父亲打起常州永丰盛的旗号，遂川木商的老表不说大年初五敬请财神爷，也像久旱顿时迎来了云雨。父亲估计杉木喊不高价钱，没想到老表开的价钱便宜得他已不好意思再还价。但父亲欲擒故纵，依然装着十二分为难，说：“我来之前，常州的新料比旧料难销。张老二带我到遂川，还硬是要我买下200两杉木，就算帮老表一点忙。”

父亲又说：“西木的质量好，打得开销路，下一次我来，保证多买些！”

遂川的木商拍胸脯，把保证木材的质量喊得震天动地。

父亲于是悄声说：“老表如此仗义，张老二，我们就买500两！”

张老二不作声。听到父亲初买就是500两杉木，他有一点虚。

遂川老表摆起了酒席。乌鸡、板鸭、胡子鲶，竹笋、鲥鱼、平胸龟，银圆并不值多少，但搬进桌面的绝对是遂川县的山珍和江鲜。大家喝起李渡高粱酒。三巡后，张老二对父亲说，遂川人讲的话，真的都算话。若不相信遂川人，那常州人一个也别相信了。

老表们的酒，一下子烘托出更加热烈的气氛。父亲似乎兴奋到极度，他的嘴一张，又说“再买杉木500两”！

肯定张老二在桌下踢他的腿。父亲呢，当场摸一张支票，把两批杉木的1000两定金，一下子付清。同时提出小小的要求：两批杉木到埠的时间，相差只能半个月，先后两天也都不要紧。

父亲回到旅馆后，四脚八叉早躺倒在床上。张老二走到床前摸摸他额头，说：“你还没喝两口，就醉了？”

父亲望着他，有一点莫名其妙。

张老二说：“永丰盛的本金1800元。撑死了，现在杉木能买700两。你今天，一下子定下1000两，到时候你拿什么银圆去结账？”

父亲一蹴而就：“贫儿院你没念书？常州还没当上小老板？你是遂川人，木排撑到常州40天，总该知道了？”他喝了几口茶，还带些琢磨，慢慢地对老二说：“堆放在遂川山上的杉木，我估计，不砍恐怕也足够。我们先送500两杉木，漂到南昌汇齐了，合并成大排，撑过鄱阳湖后改为小排……以后大排、小排还要改三次，撑到常州西大王庙，我估计，40天也不容易。这个40多天里，永丰盛的木行做不出生意？撑来了500两杉木付不起银圆？”

“抗战一胜利，常州到处造房子。新的西木还真的不错，我估计，卖了半个月，永丰盛已剩不下几根。”父亲胸有成竹地说，“第二批西木，又是500两进永丰盛，大家接着发大财，遂川老表来结账，我会发愁付不出银圆？”

1000两杉木先后到常州，自一炮冲天，将“永丰盛”的牌子打得响当当。一年之后即1947年，父亲在老板们面前已经稳稳地站住了脚跟。原来雇用十余位职工，在这年很快增加到30多位——其中学徒12位——木行的生意变得你说多忙有多忙！

舍命逮“大鱼”

自打父亲购回遂川西木后，那些从沅江撑过洞庭湖沿江而下的广木，由浙江温州海船运到常熟东莱镇卸船扎排逆水运到常州的福建杉木，撑过鄱阳湖，奔向长江水，接二连三到常州的西木……在西大王庙西边的运河里，一排接一排，神龙见首经常不见尾！从西大王庙往东拐进新市桥，一批一批的木排，还纷纷撑向关河、撑向运河的东门，大树一样舒展大杈枝。父亲创建的惠工锯木厂，就在新市街西头——1948年与永丰盛合并，扩大成为常州最大的木材加工厂！永丰盛的木排有一半“日晒黄金夜不收”地靠停关河。

姐姐已满一周岁。大哥8岁跳级到3年级，仍从石龙嘴摆渡，到西直街小学去念书。上课前，集合操场升青天白日旗，唱三民主义国歌，背总理遗嘱：“……现在革命尚未成功。凡我同志，务须依照余所著《建国方略》《建国大纲》……”所教的国文，大哥初小时念“大羊跑，小羊跑，跑跑跑……”，念到三年级，老师会教他念“司马光砸缸”“凿壁借光”“孟母教子”及“孙中山国父小时候在家乡翠亨村的故事”等。放学前，全班齐唱起“晚会歌”：“功课完毕，要回家去，先生同学，今天暂分手，明天会，好朋友，愿大家奋起齐努力。”

大哥告诉我，当时念书他根本没压力负担，更没有想到将来。

母亲在家洗衣裳烧饭带孩子。父亲进进出出，已坐起包车。在1938年，常州老板坐小汽车仍少数，大多数依然靠包车体现身份。讲穿了，包车也就是稍微豪华的黄包车。永丰盛的包车先是两辆：一辆专拉黄傅成，一辆老板们“公用”。后来又增加一辆，车夫名老四，开始为父亲服务。

那一天，父亲坐着包车让老四拉到了西大王庙。只见“神龙”剩在水面的残鳞片甲，不仅是永丰盛，其他木行也快断货了！调过头，又让老四拐七拐八地拉到了关河路旁边，从包车跨下。当时山里的木材过不来，常州的价格在疯涨。

昨天黄傅成去近水阁喝茶，悄悄地告诉父亲，部队对长江江面的封锁已越发厉害。父亲得知消息不比黄傅成差。父亲同时关注的还是前所未见的那一条“大鱼”！他极想逮住它，又怕“大鱼”没逮住，连永丰盛也被“大鱼”一大口吞没。父亲咬了咬下唇，坐回到包车，等了半天见老四没动弹，便提起脚使劲跺了跺车铃。

老四疑惑地问：“您去哪里？”

父亲这才想起没告诉老四，于是说：“我先回趟家。”

母亲抱着姐姐站在院门外，有事没事的，正与邻居讲闲话，见到父亲下包车，呶了呶院子，说：“你家娘老子，又来了。”

父亲吩咐老四马路边上等一会，他自己连忙走进了大院。菩萨似的爷爷、继奶奶坐在八仙桌两边，正在咕噜咕噜抽着水烟筒。父亲恭恭敬敬喊过了爹妈，说：“我正想喊一民去看看你，顺便带点银圆你用用。你恰好来了。”

他知道，爷爷除了要点银圆花，不会找什么麻烦。爷爷吐一口烟雾，果然只用媒纸点点八仙桌，内行地对父亲说：“你这一张独幅的樟树，砍下来之前估计粗得两个人都抱不拢。”

父亲说：“江西这点杉木根本不稀奇，你又不是不知道。”大江大水撑木排，那张八仙桌就是搁在木排上，放碗放菜放零碎东西，有人还睡觉。木排到常州，八仙桌也带不回去了，留下来，顺便就送人……

父亲顺口说：“江西撑来的杉木，还搁下两只大木柜，你喜欢，我喊老四帮你带回家就是。”继奶奶一听到，随即亮起嗓门喊：“我的儿子就是走心！我嫁给你家老子十几年，天一热，就愁被子没个地方搁。你现在送两只大柜，太好了，太好了！好儿子，你快坐，你家老子还有点要紧事想跟你讲讲。”

父亲本想静静琢磨逮“大鱼”，然而此时还得耐心端上凳，靠紧爷爷的下首。

爷爷搁下水烟筒，说话有一点不好意思：“我又被米行关门。自己找一家盐栈，前两天又被歇掉了。”父亲“嗯嗯”着说：“就这点小事？”

爷爷鼓足勇气咬了咬牙齿，说：“我又去找生活做。碰到典当行里的小开，他对我说，后街的三间老祖屋，至今还肯赎。”

早被爷爷典当的祖屋，二三十年了，按理属“死当”，怎么还能赎？父亲“嗯嗯”地望着他，一时奇怪。在青山桥后街，三间幽深的房子，中间小院子狭窄，葡萄藤则始终绕满……他感到亲切又陌生。

爷爷说：“我家的祖屋被‘死当’，典当行却一直卖不出。老掌柜已去世好些年，典当行的小开认识你，他说真想赎祖屋，让你去找他。”

父亲开始浮现离开祖屋后搬进天皇堂弄的场面；回忆起奶奶喝光鸦片水，最后蓬头垢面、仰躺地面大瞪着眼睛……他不想再看爷爷的脸，而且变得很冷漠，问爷爷：“你还有些啥事情？”

继奶奶插话了：“儿子啊，你钞票不够我不讲，要是钞票够，情愿把汪家祖屋赎回来。老话讲叶落归根，你的三间祖屋就是汪家的根啊。”

父亲心动了：“我去问问典当行再讲。我要赶到行里去，你们坐一会，抽几口水烟筒，吃过晚饭再回家。”

发现父亲面色变得很难看，爷爷忙说：“你忙吧，我们也要回家了。”

父亲摸出一把法币给爷爷，没有数，便喊老四送他们回家。继奶奶说：“我们走回去，没有几步路。只是给我的两只大柜，搬不动，要麻烦老四。”

父亲便喊老四拖包车去送柜子。母亲抱着姐姐挡在房门口，大声问父亲：“天一热，我的被头你往哪里放？”父亲说：“哪天江西的木排撑过来，我再讨一对就是。”母亲见他一副疲惫相，有点可怜他，让开身子放了他一马。

父亲坐进了房间，慢慢地缓了一口气，开始呆呆地全面盘算逮“大鱼”。老四的包车已把继奶奶、爷爷和柜子都送回家，再拖父亲去永丰盛，永丰盛已打烊了，父亲便让老四拖到张老二家里。他带着张老二一起坐着包车到程祥生家里。他让老四回到行里吃晚饭，不要再接了。

程师母一看到父亲，亲热得仿佛亲戚久别重逢，转个身，鸡蛋肉圆粉丝汤就给父亲和张老二一人端来一海碗。父亲没有吃晚饭，特别对胃口。程师母收拾了碗筷，送来茶杯热水瓶，便轻手轻脚地帮他们拉上了会客室房门。

“常州的木排卖不了几天了，”父亲说，“长江江边听说筑起了工事，要打仗，不让共产党打进江南。江西的木头要撑长江，撑运河，再撑到常州，更加不容易；只不过木行的生意，价钱还要往上翻。”

张老二说：“对对对，去两趟江西，拼死吃河豚。”

父亲笑着说：“被当兵佬截住，你会有好办法？”

程祥生也一笑：“老桂你没有办法，今天你也不会赶上门。快点讲。”

父亲笑问程祥生：“你的大舅子好像在总统府当军需官？”

程祥生说：“在南京，官做得还真蛮大了。”

父亲拍拍手，不再笑，一本正经地说：“明天你跟老二一起乘火车到南京去，请你的大舅子打纸条子，一定要有‘常州做江防工事，委托永丰盛进山买木头，请沿途放行’等内容，要盖大印！拿不到纸条，美味的河豚更加怕中毒。有了纸条还要问问大舅子，到底他在哪一个部队。关键时还可让他们打电话，直接去问大舅子！”父亲慢慢地、一字一句地讲：“你们‘护身符’到手，打个电报给我，直接去江西。到时候，山客不肯送，我们还得多付点定金。”

“这次逮‘大鱼’，你们必须押着木排往回转，路上如果被扣住，千万不要跟那些丘八争，你们回到常州来，一起想办法。”

这一年，父亲可谓“痴胆大”，程祥生与张老二更是要钱不要命。到了遂川后，他们一下竟然买下1000两杉木，扎成20只小排，浩浩荡荡、鱼贯而入赣江。撑到南昌汇集后，程祥生带着“护身符”，跟随木排继续往下漂，张老二则坐上汽车，颠簸100公里赶到了吴城，找到他的小叔叔。小叔叔是老江湖，吴城排筏业的大包头，地盘里围量、做排、运排、摘排等一系列事务，只要找到他，也只有找到他，才能提供“一条龙服务”。

张老二每年跑江西好几趟，直奔杉木的产地，撑到常州去，杉木又必经吴城航道。只不过住在吴城这才第二次。他找到了小叔叔，请排钩手改排，要雇两艘轮船拖木排，急吼吼的。小叔当然知道这回事，他从壶里倒一杯绿茶，慢慢递给张老二，说：“这一点小事，我喊一声，他们全都赶来了。吴城这一带，大小事，一手我也能包天。江西地界太大了，我就难包喽。这次买杉木，撑过九江进湖北，到安徽、江苏，你看只能听天由命喽。”

张老二不多说。相信父亲的话，他不想多啰唆。

小叔叔还说：“你从遂川撑来的杉木，我找一块凼口替你停靠着，哪一天太平，我马上派个人，一根不少帮你送到永丰盛。赚的银圆也不再担心。”

张老二说：“我快要饿死！你快弄点东西给我吃，找个地方让我睡一觉！木排撑到时，我又没法睡觉了。”

木排陆续被撑进吴城。小叔叔交代的小包头打着火把，让排钩手连夜改起了大排。程祥生在遂川雇来的排筏工，张老二也安排好了酒肉和住宿。

20只小排改成两只500两的大长排，一艘轮船后面挂一只，一前一后地拖进了浩渺无垠的鄱阳湖。排筏工专替两位老板搭了一只大窝棚；老二和祥生买了咸鱼腌肉干菜大辣椒，时不时请大家吃一顿。有时整天整天没菜吃，老二无所谓，祥生没有吃过苦，吃饭苦，拉屎更受罪。他讲过拉屎的故事，说他站在木排的边沿，抓一根大绳，以免掉进鄱阳湖，溅起的水花冷不丁打湿他的光屁股，刚要拉出的屎一下子又缩了回去。那一天，他白白摆了三次好架势，也没有拉出一颗山羊屎。

两艘轮船拖着两只大木排，从九江一直拖出鄱阳湖，从湖口又拖进了长江。轮船返往吴城去交差，遂川的排筏工撑着木排在江面上，涨潮停，平潮开，顺流到了南京上新河，再找排钩手改小排，再转入运河，首尾相衔地往常州撑——行程将近7000里，前前后后闯过18个险滩，水面上，整整漂泊四十天，程祥生和张老二终于回到永丰盛！

程祥生这才想起那张“护身符”，一路过来都没派上用场，朝着父亲大喊可惜：“早知鬼影子不冒出来，这一趟我们至少要买2000两杉木！”

程师母远远地等着程祥生。见到他的人影，定心了，返身跑到家，先是关上大门，拴上了门闩。程祥生敲门，她从缝里塞出一包干净的衣服，说：“你赶紧去剃头，再洗澡。换下的衣服，你全部扔进垃圾箱。老桂已讲过，你的身上，肯定爬满了跳蚤，带进房间不得了。”

真的不想“逃”香港

赎回老祖屋

1948年的永丰盛，若讲“好听话”，还有一点“中兴”的味道；若说“难听话”，父亲仍挖空心思喜欢钞票生钞票。他说“实事求是”讲：物价飞涨有苗头，钞票还能躺进腰包睡大觉？还说“人活着，什么都能省，缺米少面会送命”，真的捧了些银圆，重回惠丰米厂参了股。

爷爷靠着父亲的“名头”，还想回到永丰盛做点清闲的差使，快快活活过几年。父亲“嗯嗯”了几回，没有答复。这一次他说：“我不怕别的，只怕人家笑话你，说什么‘好马不吃回头草’。”弦外音，也就是说他抽过鸦片烟，被赶出永丰盛，坍了台，人家一直不忘记。

爷爷被他一枪戳中了要害，不高兴，但也没好办法。

父亲说：“你到惠丰米厂去记账，蛮好的。”

爷爷屈就了。一礼拜不到，巍颠颠的继奶奶，小山一般跨进永丰盛，移上写字台。她横肉厚嘴唇，亮开嗓门喊了声“儿子”。父亲闻声连忙关上写字间，端了椅子，递上好香烟，很谦卑地站在她身边，问：“谁又惹你生气了？”

父亲以为母亲又惹了爷爷，或者惹了继奶奶。

继奶奶一口抽去半支哈德门，压低火气说："即使他犯了杀头罪，到天边，他还是你的老子啊。"

父亲"嗯嗯"想不出，他在哪儿得罪了爷爷。

继奶奶说："他哮喘，已经硬撑好些年；要点银圆想去看郎中，又怕你面色难看！这几天，你让他到惠丰米厂去记账，灰尘四处飞，不要他的命？昨天他咳一晚上，喘得气快透不过来了……"她还抹了抹眼角。

父亲"喔唷唷"地叫起来："该死，真该死！你赶紧关照他，惠丰米厂不要再去了。他喜欢进木行，我到西仓桥去帮他找一家就是。"

送走了继奶奶，父亲回味回味她的话，还有点道理。赎回老祖屋，爷爷也提醒过两回。父亲琢磨着，为祖宗，让爷爷叶落归根有了窝，也算有点交代吧。不久他就抽个空，散步似的去了典当行。

走到青山桥，他想了想，拐进了后街。走过临清会馆再往前，他凭着记忆穿过一只小弄堂，顺手就绕到汪家祖屋的后院。后院破败了。两间房子的四周围，已经挤满蟋蟀草，长得有半人高。想起典当行，愿将"死当"的祖屋赎回的用意，他也明白了，转弯抹角再打听：破落的祖屋还真卖不掉。典当行里的资金，好像有点转不动……

父亲进了典当行，也就直截了当地讲："后街三间破旧的房子，我想要。"

老朝奉亲自泡一杯香茶，端到父亲的茶几上，非常客气地说："你的大先生在民国十四年，就跟典当行的老掌柜结起了交情……”

父亲截住了老朝奉的“好话”，也没有“嗯嗯”，很干脆地说：“讲死当讲赎，容易坏了典当行规矩。我想买，不是赎，老朝奉你开个价钱吧。谈得拢，银圆我一次付清。”说完后，吹开茶叶片，悠笃笃地尝起香茶的味道。

常州人，买卖住房总喜欢“漫天开价”，然后请主顾“着地还价”。老朝奉遇到对手，觉得法术派不起用场，于是移一侧，让小掌柜出马试一试。

小掌柜离开柜台晃到茶几边。

一位眉清目秀的大姑娘，低垂着头，十七八岁吧，悄悄进了典当行。老朝奉看到，大步迎上去，竟然低声问：“你又断粮了？”

姑娘点点头，摸出了一只手绢包。解开小手绢，她不言不语地将一对玉镯递到老朝奉手上。

老朝奉捏起一只玉镯子，朝着光，眯眼看了好一会；换一只玉镯，同样反反复复看，最后嘟囔着说：“一对羊脂玉，祖上传下的宝贝，太可惜！太可惜！”他还说，典几件古董名画垫上几个月肚皮不是长久之计吧。

姑娘苦涩地一笑，如同寒夜的月亮，显出无限的凄美。

父亲不免动起恻隐心。漂亮的姑娘还似乎相识，他正努力回忆，这时候小掌柜很亲热地靠近，喊起了“老桂”。

父亲同样很亲热地打招呼，不再想那姑娘了。

小掌柜伸出了巴掌，晃一晃：“老桂，这个数？”

父亲笑起来：“稍微添一点，我能造三间新屋。信不信？”

小掌柜呵呵一笑："这个价，你开得也太低了。"眼睛还盯羊脂玉。看到姑娘已换成银圆，灌进了皮袋要离开，小掌柜连忙喊起老朝奉说："素芳的房租，你顺便帮她结清，省得她再跑一趟。"悄悄告诉父亲："她带着弟弟，租了汪家祖屋那一间，已快一年了。"

父亲"哦"了一声。他也一下子想起素芳来，这个漂亮的小姑娘就住在街口那一间。他压了嗓子问小掌柜："她带的弟弟已念三四年级了？好像没有娘老子？"

小掌柜说："两年前，听说挨黑枪，他们死到一起。有人说是打的共产党，还有人说不是。没人讲得清，只不过丢下姐弟硬靠典当过日子。"

父亲说："姑娘不算丑。嫁个人，姐弟都有饭吃了。"

"老子、娘都挨黑枪，正经的人家，还有谁肯娶她当老婆？"小掌柜还说，"她已念到了初中，眼眶子高，一般人还看不上眼呢。不讲这些了，你重新开一个价吧。"

父亲于是伸出两根手指头。

小掌柜说："苏州人，杀半价。你比苏州还厉害。就算400块银圆吧。"

父亲站起身："耽搁你的辰光了。我再到别处看看。"

小掌柜想拦住父亲，老朝奉悄悄拦住小掌柜，很客气地请父亲"慢走"。

父亲瞄准他俩的动作，不敢急，还特意加快步伐。

小掌柜自欠火候，熬不住，只好麻烦老朝奉请父亲再来，商量着讨价还价。爷爷1925年典当的老祖屋，在1948年父亲掏出280只银洋钱，简简单单又"赎"了回来。赎回的祖屋一代接一代，居然又留下一道一道难解的结，这些“结”，拧上多变的世事、人生的百态，有一系列，我自如实一点点叙述。

父亲赎回了祖屋，让爷爷叶落归根，有了交代，但他也担心，爷爷再将祖屋给典当。父亲索性在祖屋的房契上登上自己的大名。

让漂亮的素芳搬到别处去，父亲仿佛有一点可惜。联想奶奶去世后，大热天，他生满热疖头，当讨饭流浪狗，与素芳的遭遇虽不同，却非常相怜……但再不忍心素芳仍必须搬走，祖屋翻修后，也只能恭请爷爷继奶奶“叶落归根”。

第三天，父亲神使鬼差地借口“散步”，却“踱”到天皇堂弄，简简单单租赁下一大间平房。走到青山桥后街，素芳在街门口似乎等着他。看到了父亲，她平静如水地问：“先生，我得哪天搬？”

父亲说：“明天搬。最好今天搬，明天我就可以翻修祖屋了。”

素芳说：“大房东，现在请房客搬家，还能够提前几天？”

父亲说：“你准备往哪里搬？”

素芳笑了一笑：“船到桥洞自然直。这句话，你没听到过？”

父亲笑起来：“你的嘴巴子不饶人！你的小弟已念五年级？比起你，看来更聪敏。小弟在上课，你帮我的忙，到天皇堂弄走一趟，好不好？”

素芳说：“真要我帮你的忙？我试试。”

父亲带她走到了天皇堂弄，摸出把钥匙，开了门，指指小院说：“独门独户一大间，你就搬进去住吧。一年的房租已经付清了，你赚起钞票再还给我就是。”

素芳直视着父亲好一会，才说：“谢谢你，我一定会还给你。只不过，我不会想入非非。”原来那一天，小掌柜靠近素芳已讲过笑话，说什么当上了二奶奶，有吃有住有衣裳，你的大弟还有钞票念大学，啥时都不要烦了！

父亲的“大面子”，竟被“想入非非”的脸惹得通红。“你这个姑娘！”父亲说，“你怎么能说这样的话？小时候，我没有好心人帮忙，饿不死，也会冻死的，你懂吗？”

素芳的面孔也通红起来，自觉自愿地朝父亲鞠了个躬，喊“叔叔，对不起”。

父亲准备的10块法币，这才重新掏给她，说：“也是先借给你用用的。”祖屋被典当，他们搬进天皇堂弄的故事，本想讲给素芳听，现在也没意思了。

八月十五中秋节。八月初一，父亲让爷爷坐上了包车，让老四拖到惠工锯木厂去当记账。扩成了永丰盛的惠工锯木厂，父亲让张志远担任经理，父亲特意关照他给爷爷找个轻松的活计，每月多付三五块薪水，年底时从他红利里扣除就是。他还关照张志远，瞒住爷爷，不能透露他是惠工大老板。

祖屋翻修到八月十四，已像模像样。爷爷上班后，父亲找一些人将爷爷的家当，全都搬进青山桥下街。爷爷快下班时，父亲又让老四到惠工锯木厂拖包车，把爷爷直接送进汪家的祖屋。爷爷踏回祖屋的心情以及老两口的表情和举止，我在这里不赘述。我只讲中秋那天，父亲领着母亲、大哥和姐姐，在失而复得的祖屋里和爷爷继奶奶一起吃了一顿很难得的团圆饭。

英雄“救”美女

父亲56岁那年，闭起眼睛回忆1948年中秋，对我说：“三代人，那次很难得，也算很幸福，吃了一顿团圆饭。”爷爷专捡好菜给大哥，继奶奶喜欢抱姐姐，母亲这次竟没有反对。父亲回忆说，他喝了酒，吃了好多菜，最后凑近母亲的耳朵，让她悄悄地带着孩子先回家。他还有事，要找几个老板，一起讲一讲，省得到时候麻烦。

母亲的心里当然不痛快。祖屋赎回他没瞒，但半丁点不提，与想瞒她有什么区别？！其实上海人更喜欢瞒。母亲骂父亲，但她要面子，只会瞒住旁边人，窸窸窣窣地单独骂：“今天不是八月半，你就不会喊我陪客人，你赎回的祖屋，哪天才不瞒我、告诉我？你的身背后，啥事才正好商量？”

父亲“嗯嗯”地“答复”。

母亲的心里当然越发恨。结婚十几年，一个铜板一直掰成两半用；陪嫁不算少，都捧出来做生意，赚一点钞票。祖屋赎回来翻修，她灯油钱在暗处坐，无所谓，两个二流子捧着烟筒却享起清福……那些话，母亲还给了他面子。她只好忍气吞声，喊辆黄包车，抱起了姐姐，让大哥向爷爷、继奶奶告别。

父亲离开爷爷继奶奶之前，讲了老掉牙的孝顺话，含含糊糊地讲了那些“要紧事”。爷爷继奶奶都捧着水烟筒，听不厌，乐滋滋，仿佛享受晚来的春风。父亲讲着讲着估计时间差不多，离开了祖屋，也雇一辆黄包车，拉到瑞和泰去扎了两斤新鲜的月饼，百果、细沙、杏仁、火腿的，一种扎两块。坐上黄包车再拖进了天皇堂弄。

父亲将素芳姐弟搬离了后街，租进天皇堂弄那间小院后，先后已探望两趟。每一次，他都担心素芳起疑心，也就掐准好时间，等到她的大弟素平放了学。第一次在礼拜天，他拎了些水果，见素平练毛笔字，他把贫儿院里教起的“永”字八法，什么“点为侧，侧锋峻落，铺毫行笔，势足收锋”等，着力卖弄一番，还煞有介事地介绍经验说，写好了“永”字，所有的字都写得出味道了。

素芳的嘴角竟挑点讥讽，说：“先生您写一个‘永’字，好让素平临摹啊。”

父亲挺兴奋，他接过素芳递上的毛笔，蘸饱墨汁，稳身定心，运力于笔端，势态自然的一个“永”字还真跃然出现于粗纸上。素芳也写一个“永”字给他看，说：“没你写得好。”小楷隽秀，父亲冒一身冷汗，幸亏他练出一个“永”字，才没出洋相。

父亲去的第二次，带了四块马复兴的大麻糕，两块甜的，两块椒盐的。他以为素芳吃过了晚饭，哪知白粥下咸菜，两个人才吃。父亲取出一块大麻糕，学着母亲服侍大家的法子，用刀切四片，放在盘子里——碗里喝白粥，咸菜碟子边，盘子里，金黄芝麻皮、酥松油酥层的大麻糕，没吃先冒出香味。

素芳慢慢地嚼着，素平则狼吞虎咽一片又一片。素芳忽然放下碗对素平说：“我吃饱了。还有一角麻糕你吃掉，我好去洗碗。”有意无意瞟一眼父亲，见他斜着眼，目光正在瞄着她，而且撞了个准！她的羞涩和恐慌，差一点跳出了心口。

目光的对撞，冲散了父亲每次强行冷淡的不快。

前两次，父亲去天皇堂弄看她时，素芳听到敲门声，总是先露一条缝，把自己嵌进门缝和他不冷不热地寒暄。父亲感觉没了趣，悻悻地准备离开时，素芳才会移开门缝让他进屋子。这一天中秋，父亲下了黄包车，犹豫了半天，才轻轻地敲了几下门。素芳开了门，连“谁”都没问，侧过身子就领父亲走进了房间。

父亲15岁去学生意，源丰恒的老板景杏生就骂他是“阴死鬼”；母亲嫁给了父亲，也骂他是“阴死鬼”。父亲与素芳交流，却似山涧的溪流细长细长淌不完。这天父亲拎一包月饼，走进小院望着大月亮，好些话正想细细地与素芳讲，却见素平早已躺在床上。

父亲晃了晃月饼说：“你看看，我带什么好东西来了？”

母亲哪知道父亲中秋节心里最牵挂的竟是素芳姐弟俩。她更想不到，比大哥大3岁的素平，无力睁开着眼睛，很作孽地说：“月饼。”

父亲看不出他在生病，说：“你真聪明！快起来，和你姐姐一起看月亮、吃月饼。想吃细沙的还是火腿的？”

素平摇摇头：“喉咙痛。”

父亲连忙问素芳：“他真的生病了？”

素芳说：“已经两三天了。小舌头鲜红，像是扁桃炎。今天有热度，还头痛。”素芳本想说这一阵常州的白喉在流行，她不敢讲，更加不敢想。

父亲摸摸素平的额头，觉得有点热；让他张大嘴，电筒照着再喊一声“啊”——还真有一点像白喉！有人生白喉病，以为扁桃腺发炎，不在意。其实多看两眼就发现，小舌头有一层白苔。除了发热和头痛，嘴巴还发起恶臭，就更像白喉了。生到“粗颈根”，病就有点危险了。

父亲悄悄讲给素芳听。素芳的两腿发软。她一把抓住父亲的胳膊，就像洪水里抱住一棵大树，哀哀地喊起救命。

父亲说：“怎么办？赶快送医院！”

素芳已无法自控。她扑通跪倒在父亲脚底下，撕心裂肺地喊：“我没有钱替弟弟看病了！实在没有办法了！好先生我求求你，救救我弟弟，你有啥条件，我全都依着你！我不能没有素平弟弟啊！”

自赎祖屋开始，父亲“救美人”，此时更显“男子汉”气魄。且见他，背驮起素平，一路小跑着，跨进武进县医院，放下素平时自己都差不多要虚脱。素平还真是白喉！当即挂上水，直送进病房。父亲付了住院费，喘口气，匆匆忙忙又往家跑去——父亲戴的英纳格手表上，已经11点多钟。

母亲还在院子门口等着他。父亲已经忘记看月亮。他看到了母亲的身影，不知怎么的，站在门前倒像是奶奶在等爷爷。父亲绝对没去鸦片馆。奶奶的影子与母亲仍重叠着，石头一般压住父亲的心，压起什么负罪感。

父亲很努力地想解脱。他拉住母亲的手，说：“你还不睡啊！”再携手并肩站进院子的中间，说起“月亮，真圆啊”之类！

母亲变不出文化和艺术。她只会抽出手，说：“捂进草窠的糖芋头，我已放了蜜桂花。我来盛一碗给你。”

父亲连忙说：“太饱了，还没消化呢。”

母亲说：“你想看月亮，我去端张板凳来。又不想坐？我索性顺便问问你，你对两个二流子又说了一些啥？”

父亲连忙掏出祖屋的房契，交到母亲的手里，说：“全部由你负责啦。”

母亲看一眼，估计是祖屋房契，一问，果然是。“一民家娘”守住祖屋的重任，在中秋节很是激动地挑上肩膀。父亲忙东忙西忙到深夜才归家，母亲真的也觉得太忙、太辛苦，辛苦得作孽。

父亲很早很早就会下象棋，也一直被称为“臭棋篓子”。我读二年级，就能挥刀斩下父亲的老帅。那次他输定，趁我转身时，伸出手。他曾经也偷过我老将。他眼皮耷拉着，偷错了“士”，一本正经地说我输了，老将被他吃光了！

父亲此举让我哈哈大笑，他却一本正经地教导我：“你下棋，就像做事情，走一步，至少要先想‘三着’。”又说“做事像下棋”，即使做小事，也得应付多种结果。现在我回忆，父亲的功夫果然在棋外。

父亲做生意算大事，送月饼给素芳算小事。中秋归家晚，连忙将房契应付母亲，也算“走一步，看三着”——下一步，还是“连环棋”。

他对母亲说：“再租房子住，不像人家了。我们买块地皮造间房子吧。”

母亲知道永丰盛已兴旺发达，他自己存起多少银圆却无法有数。她也不想再去烦。讲起造房子，母亲梦想成真，还真泛滥起激动。第二天，她才稍微平静一点。姐姐两虚岁，不用常抱。她倒马桶、洗衣裳，买菜洗菜烧起饭，忙到大哥吃过中饭又去上学了，她才定下心琢磨起想法。

八月十六母亲等父亲又等到晚上10点，才看到父亲回归的影子。

父亲见到她，好像更焦急，而且告诉她，今天下了班，一直打听到现在，好地段上的好地皮，一路太难买！头绪都没有寻好，明天还得先打听。

母亲忙说，她也帮着去打听打听，又倒热水给父亲洗脸、洗脚，然后把造房子的想法讲给父亲听：前后两重就够了。但要起后门，要有天井，天井好种花；还要打口井，省得河里去拎水……

父亲"嗯嗯"地应着，看似心不在焉，突然一锤定音："不再去造平房了，要造就造小洋房！"

"造洋房？"母亲惊异地重复，"你有多少铜钱？"

父亲"嗯嗯"关起答话的闸门："我累了，明天再讲吧。"

母亲见他一副疲惫相，忙止住絮叨，关上了电灯。她望着明瓦泻下的月光，幸福地想象着未来的洋房。

下班后，父亲坐上包车到医院，便让老四回家了。素芳一脸憔悴。父亲先去问医生。医生说素平的病情已经稳定了。他再看素芳，她的眉目间忽闪着动人的凄美。心境一宽松，父亲也就壮胆邀请素芳下馆子。素芳闪过一道羞涩的恐慌。父亲以为又碰到钉子，这时的她不但答应了，面对面地共进了晚餐，而且走在大街上，她还伸出圆润的胳膊，大方地插进他的手臂弯——父亲此时的脑海里，深深地，正在一遍一遍兴奋地回放。

素平转危为安，很快背起书包上学堂。素芳生活的担子，已经离不开父亲的肩膀。她青春的气息在父亲紧张忙碌的生意间，同样成为化解疲惫的和风。

父亲除了永丰盛木行，为了建造小洋房，还得寻买地皮，打图样，备房料……加上晚归的借口，与母亲分离的次数当然越来越多了。

没想“逃”香港

不讲清朝300多年的历史，就说民国元年（1912年）变化到三十八年（1949年），娶妻纳妾的中国人仍名正言顺。父亲1948年娶胡素芳为妾，却在悄悄地进行。

民国政府早已提倡一夫一妻制？我知道，在民国三十七年，已经要求政府官员、高级军官带头，以身作则禁止纳妾了。父亲娶妾并领结婚证，“偷偷摸摸”到底为了啥？

母亲在上海垃圾店已“痴胆大”，逃难回到了常州，娘家依然一大半当家！她脾气发作，父亲还真的害怕。就说小洋楼诞生不久，父亲想领胡素芳回家。母亲发起作，瞒住旁人还给他面子，只是暗地里大骂这个“穷瘪三”：“你拿老婆的陪嫁做生意，财没发几天，竟然就偷偷摸摸讨起小老婆！”

母亲一世没资格念书，讲话的道理，倒是多少培养了不少：“你马桶里的尿屎倒出来，还想满世界发臭，背起‘小人得志乱癫狂’的名声来！你再下去，我看别说谈生意，出门也得戴上鬼脸壳子了。”

母亲告诉我，她大骂父亲那一天，常州已经解放半年多。父亲心不死，她的脸色已发白说：“哪一天，你带小老婆回家来试试，看看我会不会马上离婚去上海！”母亲说大姨早已在上海工作，我当工人学文化，一世人生也就不再算白活！

只不过，要说黄傅成，他在永丰盛当“小开”时，黄师母已当上大老婆。抗战时期他娶二老婆；解放前，娶了三老婆。在鲁家巷，三个老婆住一个宅院，全都吵过架，日子过得还不是一样。

我觉得，父亲母亲的婚姻不太像“封建包办”，有点像“父母之命，媒妁之言”相结合。胡素芳当“小”，实事求是讲，她与父亲倒是“自由恋爱”的，所附带条件，要父亲承担培养大弟的责任，要领结婚证等，与“父母之命，媒妁之言”不搭界。如今领导或老板，没娶“二奶”没有养“小三”，重新结婚更不须“封建包办”，年龄相差越悬殊，他们疼爱越厉害。

父亲“自由恋爱”娶妾不犯法，在卢开照相馆，他与素芳还头挨头拍了一张更加年轻更加漂亮的结婚照。担心她委屈，父亲按明媒正娶的程序，到绿杨饭店又订两桌高档的喜酒，请黄傅成当证婚人。

父亲背着母亲娶妾喝喜酒那天，黄傅成带着唱评弹还有点名气的三老婆；张志远带着二太太，有点像败叶配上了初绽的鲜花；张老二的夫人30岁出头，插在二奶奶、三奶奶中间，都说露出“明日黄花”的“阿姨相”。张老二觉得丢了大面子，一个月以后，就娶了一位“小”，也到绿杨饭店风光了一回。

程师母，那个念大书的“大人家”人，最后一个到。眨眼她已将近40岁，然而高跟鞋一穿，狮子头一烫，昂首挺胸丝毫不减当年的风姿。父亲和素芳站在大门口迎客，她对父亲说：“老桂啊，恭喜你，抱着美人归。”转过身，微微笑一笑素芳：“百闻不如一见，你果然是个知书达理的新女性。”

素芳愣住了，顿时不知道回应。程师母挽起程祥生手臂，已款款走向酒桌。

素芳感觉好像大麦芒尖撒进了脖子，麦芒的倒刺钻进了她的前胸和后背，很快爬得到处都是，浑身上下都没有了自在处……大庭广众下，她不能够也没有资格发作，唯有拼着命忍受。素芳表现出了惊人的毅力。她还偎紧着父亲，凑近耳朵一遍一遍夸程师母“气质真好”，“不像出生在平头百姓家”。

父亲连声说她“好眼力”，程师母的娘家人，程师母与母亲“患难之交”的友情，父亲讲过三两句，开始敬酒了。素芳一边敬，一边品咂别样的滋味。敬到程师母面前，不由自主说了句：“仓廪实则知礼节，衣食足则知荣辱。”眼泪突然往外冒。她死命忍住泪，头一仰，喝干了半杯葡萄酒，同样不等程师母反应，她背过身，款款地敬向另一位。

父亲的婚礼放在1948年12月。散席后，他紧拥着素芳，坐进包车很春风得意。老四拖着包车“马蹄疾”，顺着几条大马路，兜风兜过好几圈，最后还是停在天皇堂弄的弄堂口。父亲下了车，搀素芳也下车，等老四离开，还要遮掩街坊的耳目，两人拉开了距离，一前一后走进了洞房。

鱼水之欢已非第一次。这一次，父亲素芳之欢还胜过鱼水。之后父亲仍拉亮灯泡，盯住素芳的眼睛。

素芳轻声说：“你熄灯。”沉默了一会，她摸黑穿起了内衣，坐他身边说：“父母为什么去世，我一直没办法知道。”

她又说："我说的是真话。你以后，就不要再提了。我求求你！"新婚之夜的激情，像泼一盆冷水，一下子也扑灭了。

典当行老板讲过的传闻，这时候跳出了父亲的记忆。父亲也坐在床上，抱着素芳不说话，又开始"嗯嗯"。

搜集到素芳的这些片段，我更觉得父亲包括典当行老板的猜测，要远远大于"不可能"。素芳为何坚决地否定，读过历史的读者，完全可以充分发挥想象力。

父亲在卢开照相馆与素芳拍起幸福的结婚照那天，在南运河西侧、普济桥的桥脚下，也寻到了一块好宅基。他付下定金即告诉母亲，让她哈哈嘴大笑。哪知道，半路杀出个蒋立群，竟说这块宅地已定下。一个女儿许配两家人，那是卖家促使买家搞竞争，渔翁得利，好多卖银圆。想买宅基的两家人，全是铁公鸡，只是争论谁先到谁后买，不肯打起价格战。卖主得不到利，也就看着狗咬狗。父亲讲给素芳听。素芳说："花一点小钱，找个名律师讲几句话，法官自把买宅基的判你赢。你只顾做好木行生意就是了。"

素芳让父亲找了个律师。果不其然，蒋立群接到了法院的传票，父亲雇的律师摆兵布阵已胜券在握。在法庭上，律师简直牛刀杀小鸡，蒋立群才挣扎两下，脑袋已经耷拉下。法官当庭做裁决，让蒋立群另行择地建房。当时没有常州市，大概也没多少好新闻，是主流媒体《武进日报》的记者，把父亲打赢官司的消息用花边框登了出来。

父亲大大盛赞素芳的智慧，再次共度洞房花烛夜。第二天，父亲回到家，母亲没问昨晚他住哪，只问他晚饭吃不吃。

父亲“嗯嗯”地应着，然后捧出一张《武进日报》、一张普济桥下的地契，交给母亲“保管好”，并关照与老祖屋的房契一起保管。躺到大床上，闭着眼睛又疲乏地说：“太累了。昨晚还请律师喝了酒，喝醉了，睡在栈房里……”

父亲呼噜呼噜睡着了。母亲捧着地契和报纸，小心翼翼摊在电灯下，字认得她，她不认得字，她咬牙切齿又恨起外公外婆。“一民家娘”便喊大哥念给她听。看出的名堂，大哥自此仍记得清清楚楚。

常州解放是在1949年4月23日。父亲记得很清楚，在1949年2月，永丰盛打烊的那天，程祥生特意邀请他和张志远，就是义泰木行的“土龙三结义”去了他的家。围桌坐定后，程祥生搬出一坛丹阳封缸老陈酒。程师母下了六只大冷盘：镇江的肴肉、南京的板鸭、焦溪猪头肉、舟山海蜇头和油氽花生米、白斩鸡。张志远也掀开盖，倒满四只玻璃杯，大喊程师母：“等一会炒菜，陪兄弟先喝两杯。”

大家喝了一会儿，张志远先对父亲讲起生意经。这位永丰盛的惠工锯木厂经理说，把棺材店关掉，再添两台锯板机，生意赚得能多点。

父亲故意说：“再添锯板机？好，好。”回头问程祥生：“你说呢？”

他估计，程祥生大请客有用意。程祥生支支吾吾，程师母已插起嘴：“都是自己人，啥话不能讲！我说你老桂，到现在还在打官司、买地皮、造洋房……”

张志远打断她的话：“添锯板机的事，怎么讲起老桂造洋房！”

"一桩事！"程师母压低声音说，"弟弟已经派人关照我，中华民国的天，说变就要变。南京的大官、上海的大老板，卷起钞票不往台湾逃，也躲到香港。你们一个想添锯板机，一个抢着买地造洋房，不都是白花花的洋钱往水里丢？"

程师母接着讲起"土龙三结义"打算："你们把永丰盛、惠工的股本都退掉，卷起铺盖搬到香港去！"

张志远狠狠瞪着程祥生，一言也不发。

父亲问张志远："账面上有多少资金可兑现？"

张志远像吃火枪药："兑现的都给了他？呵呵，他的一半股本金！明天把惠工锯木厂关掉、卖掉，差不多够了。"

"这算什么话！"父亲问程祥生，"你说怎么办呢？"

程祥生喊程师母炒菜：一只炒蹄筋、一只炒鱼片、一条清蒸大鳜鱼，最后端上蚌肉咸肉炖豆腐。只讲鲜，讲好吃，再也不讲生意经，不提退股不退股。

第二天，黄傅成把父亲喊到经理室，关紧房门紧张地说："程祥生要退永丰盛的股了，你说怎么办？"

父亲已经全面考虑好。父亲说："我们先开一个董事会，看看还有几个股东要退股，怎么个退法，大家拿出一个章程来。"

黄傅成百分之百赞同。他也没料到，永丰盛有一半的股东要退股。

"明天关他娘的门！"黄傅成大喊，"老桂你带着账房盘盘店，永丰盛还有多少现金多少债，三一三十一分光；河里有多少木排，按股份也一根根分净！"

父亲笑起来："木头分到人头上，不还是要做生意？"

黄傅成说："都要退股我有啥办法！"

开了三次董事会，一条章程也没有拟成。也就是说，程祥生在永丰盛的股本分文没退成。他们后来搬去了香港，那些后话可得慢慢讲。

自有投身革命人

发财梦碎叶落根

外公在民国元年（1912年），闯荡老上海，做了两场发财梦；那两场梦，又被断命的日本人先后炸碎。逃往香港再回到上海，他在海防路仍开垃圾店还想发财，只可惜连梦都做不起来了。外公、二舅、二舅妈，垃圾店里三个人，嘴巴一直糊得住，剩一点积蓄，聚到1945年，竟然买糖不甜，买盐也不咸！外公自此心灰意懒。二舅、二舅妈在店堂门口收垃圾，他在店堂门外阴凉处，不是摇扇子，就是大念《申报》。前两天，美国人往广岛投下一颗原子弹，炸死炸伤的日本人一下子超过20万！念过那一份报纸，外公碰到熟人就嚼起白趣，专讲日本人狠也狠不到几天了，还想狠，美国人又会掼颗原子弹！

外公心血来潮嚼白趣。美国那个麦克阿瑟司令员飞去长崎还真又掼了一颗原子弹！这次念过《申报》外公没有嚼白趣，他拈着小山羊胡须，爬到垃圾店的小楼上，关紧房间细细盘点起积蓄。外公萌生扩展垃圾店门面再次发大财的新希望，因为盘清积蓄而泄得精光，回常州的念头则忽忽直窜。

一个月以后，日本无条件投降，上海的马路当中也人潮流淌，到处欢呼。外公在海防路上举拳伸臂，也扑腾出一小朵浪花。他像被牵引着，竟然不知不觉到了旱桥头。这里他差一点发财，差点一家被炸死，奉军班长的瘸子是好人……外公想到奉军的瘸子，转身买了两大刀锡箔，在旱桥头边寻一块空地，点着了锡箔。灰片儿飘飞，外公动情地喊："瘸子啊，原子弹把日本人炸回家去啦，帮你也报仇啦。我想回家去，不想发财了。你回东北投生，不管做啥生意你都会发财！"

老子曰：功成、名遂、身退，天之道。外公财未发，鬓已衰，他回到海防路也决定"退休"了。他把垃圾店的事务一应移交给二舅，自己留下大门、房间的钥匙，便赶到上海北站乘上火车，哐当哐当回到了常州，在北门火车站下车。

解放后，退休工人、离休干部全领离退休工资；21世纪后养老金还逐渐普及到了退休农民。讲起解放前，平民百姓绝对没这般福气。"防老"靠的是"养儿"，靠得住、靠不住，还没办法去保证。殷实人家于是置房产、藏积蓄，日后收房租、收利息等领取"养老金"延年。小说《林家铺子》里的朱三太，往林家铺子里存放三百元"老本"，一个月就到林家铺子领取三块钱利息，同样也算"养老金"。外公55岁叶落归根回常州，要"防老"，还须完成"养儿"的重任——他和外婆当然还须培养小姨、小舅舅。只不过，外婆的房租就算"养老金"，一个月的肚皮10天也能垫得饱：外公外婆造起的宅院，西边一栋外婆先"全租"；东边的宅院里，有三间空房，外婆也给出租了。

日本人投降，贩私盐，常州已经赚不出钞票，外婆同时也发现，做梳篦生意变得繁华了。她劳碌命，为了吃饭，除了搓草绳，又到卜恒顺去领篦箕材料，加工后再送还作坊。

梳篦分木梳、篦箕，据说已有1500年历史，常州是梳篦“世家地”，卜恒顺作坊的梳篦，据说一直挂头牌，其木梳皆用“千年不长”的黄杨树。黄杨木梳能治头痛病，据说慈禧太后指定常州梳篦为梳具……1915年，常州的梳篦在首届巴拿马万国博展会上，获得了银质奖，那倒绝对没掺假。篦箕巴掌般大小，手工工序72道，价值一斤的米钱。外婆想吃饭，手脚不停地帮卜恒顺“加工”篦箕，也千真万确。篦箕的材料主要是毛竹。我小时候，在常州西门外的小巷小弄里，也一直听到或看到那些没有工作的“女佬家”，坐张长板凳，弯着腰，竹篾过刀“叽叽叽叽”响不停。

外婆每天“加工”篦箕能挣十几只铜板，贴补点油米。

“加工费”加房租“养老金”，肚皮还够吃，外公离开上海回常州，带几只银圆，不知不觉就用光，还总问外婆讨。外婆剩下的“稻穗”，就只好“勒”出一粒“米”，金首饰或者小元宝，不换钞票换把银洋钱，把日子再拉过一阵。“勒”到1947年，数数“稻穗”已不剩多少，她咬咬牙齿便对外公说：“垃圾店的大老板，早已有名无实啦。我们卖掉西边的宅院，救救急，剩下的‘稻穗’还能多‘勒’出几粒呢。”外公极支持，而且很快完成了任务。

外婆仍在院子里加工篦箕。她抓起一把篾，无意抬个头，就看到父亲走进了院子。虽然知道他在永丰盛已当上了老板，但她仍没显出过多热情，问：“今天怎么有空过来？”话音未落地，她手上一根竹篾探出头，“叽”的一下过了刀，又一根竹篾，“叽”的一下又过了刀。

父亲喊了声“姆妈”。他把两包杏仁酥先送进她房间，回身再站她边上，说：“爹爹清泉洗澡还没有回来？”

对外公，特别对外婆，父亲始终怀着感恩的心。外公外婆喝陈酒，他开义泰木行那年才发现，大财还没发，但他已经每年过年、八月半，总在普济街的源大盛拣一瓮顶好的陈酒，关照伙计送去鲁家巷。平时去一趟，大包小包也不肯空手。这一次匆忙，他就拐进源大盛买了两包外婆最爱吃的杏仁酥。

外婆盯着竹篾一根接下一根地“叽”，对父亲说：“他回常州一年多，他吃过中饭还是天天进澡堂，睡一忽觉回到家，挨一挨就吃晚饭。不做一件正经事！”

父亲摸出一叠钞票给外婆，说：“你拿去零花。爹爹也到歇歇的年纪了。”——比起爷爷的“叶落归根”，一直“养儿”的外公，还真应该歇歇了。

“不作兴！”外婆伸手推一把父亲，低声喝道，“赶快收起来！”

父亲眼一掠，大舅吹着口哨已进院门口，也就缩手咕一声：“以后不够用，一定要关照我！”随后大声地跟大舅打招呼，“你的木行这么早打烊？”

“哪里啊，”大舅高声朗气地说，“鲁家巷的甲、保有多少壮丁，区公所讲要重新登记花名册。我在木行打算盘，区公所的所长还专赶过来，喊我做这件鬼事。到现在，我才重新登过了五‘甲’。”

解放前，常州的基层组织不是居民小组、街道和社区，而是实行了清朝“牌甲制”的改良版——保甲制。十户为一甲，设甲长；十甲为一保，设保长。区公所编为若干保，所设的保长们推选一人为联合办公处主任，接受区公所的直接指挥，各保应办的事务仍由保长去负责。

外婆弯腰又抓一把箧，放着脸说："人家现在是保长，当了官。"

大舅说："你就喜欢讲点风凉话。"转身便朝父亲诉起苦："日本人投降，民国一区到鲁家巷来选保长，十有九个选起我，说我认识字，肯帮大家做一点小事，你说我有啥办法！其实呢，上头放个屁，要我顺风唱个戏，工钱没有一铜板，到处受气还要做冤家，你讲这是做啥官？活作孽！"

大舅与父亲讲话，已经没了居高临下的傲慢。见父亲只是"嗯嗯"，不发表言论，也就顺口说一句："名册明天要往区里报。"便往后院走。

父亲这才开口说："你去忙。有些事能糊就糊，犯不着一本正经。"

大舅跑上二楼房间顶，抓了几把黄豆、绿豆给鸽子，自己喝口水，跑下二楼又赶进弄堂，重新登记"甲"的花名册。

大舅走远了，外公还没有回，父亲于是对外婆讲了这次自己的意图："惠丰米厂的生意好，要募股。爹参上股，我肯定能分笔红利。我帮他担保就是。"

外公虽从垃圾店"退休"，仍是老手，晃回家一听外婆的传递，马上就明白意思。晚饭端上碗，老酒都没喝，就亲自直奔大仓弄的院子里，把卖掉西边宅院的积蓄全部交给了父亲。没多久，惠丰米厂还租赁了外公东宅院里的后院，收购、储存两个大囤的新稻。有名的小说讲朱三太每月靠三只银洋钱生存，日本人打仗，遭到林家铺子拖欠三个月"养老金"，她穷得“送灶”都没钱买东西了。而外公，以后很长一段日子里，早上“皮包水”（喝茶，不过没有上茶馆），下午“水包皮”（洗澡，依然在清泉），中午偶尔还“皮包皮”（吃馄饨，非马复兴不去），逍遥自在胜过活神仙。

顺便得把事情说明白。外公重新投入惠丰米行的股本金，参的是“集体股”：除了父亲的、外公的，还有三个朋友的。这笔“集体股”挂在父亲的名头上，父亲又成了大股东，董事会上说得上话，“参政议政”有了发言权。租赁大宅院里的后院囤稻便是父亲的主意。

“白相”倚重埋祸根

母亲提起大舅舅，第一句话就讲他是“白相人”，第二句话就埋怨外公外婆“从小到大一直惯养他！不愁吃、不愁穿，不想自己去发财”。她举例说，日本投降后，外婆一个铜板拗成两半用，小姨想念书，父亲帮她交学费；外公的钞票紧缩，父亲更是帮他赚一点利息。大舅呢，西仓桥的木行里面做记账，屁眼大的发财梦从来不想做；当保长，没派点用场。他的心里只是想“白相”，还要“白相”点名堂……

上海人讲“白相”可有点说法。母亲也知道“白相”的意思是“玩乐”，“白相”加上“人”，涵盖的内容马上衍变为“不务正业”或“游手好闲”。母亲看不惯他总欢喜“白相”，数落他是“白相人”，当然有一点冤枉。

大舅已为鲁家巷重新登记花名册。木行打烊后，他回到二楼的顶上，更是要紧扩大鸽子棚。他已买下一对小“雨点”，花了大价钱；一对更贵的“蓝鸽”，钱不够，他先付定金。“雨点”“蓝鸽”据说属贵族血统。马啊狗啊小猫咪一样，凡贵族，不管哪一辈，拉屎撒尿也让平民们钦佩，最差的，当然属“野狗”。

鸽棚扩建后，大舅养的鸽子已经超过二十只。喂小米，喂黄豆、绿豆，他喊女儿文娟赶到米市河去买一点。大舅早与外公外婆分了家。“白相”钱不够，他不愁。大舅妈在大成布厂早已当“拿摩温”领着工钱。

每天起早或木行打烊，他油瓶倒、醋瓶翻，还要先登二楼的顶上，竹竿头上扎一块红布，四处挥舞着，把贵族、不贵族的全都呼啦啦赶到天上飞入白云间，一遍一遍旋转着，锻炼着身体。

大舅在宅院东边的篱笆墙，三天两头还整理月季。以前种的是萝卜青菜，一直到母亲结婚第二年，大舅才改种月季。五颜六色的，品种还越来越多，大舅说有七八种。让月季“少生优育”一年开两季，他说春秋盛花时，篱笆墙里的月季花肆意舒展，含苞欲放，胜过千百佳丽在争艳，如同嫩模娇泳齐选美！1947年，在鲁家巷的弄堂里，闲情逸趣的不多，引爆眼球的更少，大舅在母亲的眼睛里无一不是正宗的“白相人”派头。

月季已深秋，两度告一别。大舅修除老枝，又抱了一大堆木料上楼。二楼楼顶的鸽子生育竟毫无节制，已严重引发住房危机。他先设计后规划，决定充分利用月季株距的空地建设一栋高脚楼，启动鸽子的安居工程。大舅锹挖锤击，很快就竖起四根木桩。正起劲，瞎全大跨过竹篱笆独眼圆睁指着大舅脆生生地嚷：“你以为我家没有人，阿狗阿猫都来欺负了？”

小巧玲珑的瞎全大16岁之前，在鲁家巷可谓第一大美人。时代已作兴“相亲”，这位第一美人沿着南运河正姗姗前往。对岸不知哪一家小鬼，拉开弹弓打麻雀。当然风马牛不相及，小石子擦过麻雀，飞越南运河，却偏偏击中了美人的右眼珠！麻雀离开柳树枝，小鬼钻进小弄堂，相亲的全大也就黄了汤。最最悲惨的，当然要数右眼窝塌陷，将漂亮的脸蛋给糟蹋了！

瞎全大恢复了“待字闺中”，她火爆的脾气一年也见长一年。眨个眼已22岁，鲁家巷的弄堂里，惧怕她的人已超过了大舅。见到她叫阵，大舅当然忙不迭地丢下铁锹迎上前：“谁又欺负你啦？保长能做主！”

“你！”瞎全大说，“鲁家巷里到处是壮丁，你为啥专抽我家的全二去当兵？”

大舅认真地说：“没有啊。鲁家巷里三个保，摊上4个兵，我的保里这次得抽两个兵，轮到顾家的小六子，还有你家的全二。这事还是区公所讲给我听的。”

瞎全大指向他的鼻子吼：“我家老子一身病，全三15岁不满，你把全二抽去当兵，你让我们怎么活？”

大舅摊摊手：“壮丁的名册我早交给区公所。区公所的官长也讲过，以前抽壮丁三抽一、五抽二，今年已改两抽一。抽到谁、抽不到你，我这个狗屁保长根本轮不到狗屁的资格！”

瞎全大说：“两抽一，你把15岁的全三抽去当壮丁就是！”

大舅一本正经说：“壮丁从18岁到45岁，你家老子还列入名册。”

这时候，大哥正往外婆家跑去。大哥跳两级，8岁已读四年级，有事没事依然喜欢充当三舅的尾巴。三舅呢，已在武进县立师范学校读初二。外公皆要儿子念起书。三舅念书超过高小，他赞扬三舅有出息，只不过他也只许三舅读师范——其他的学费，他已无力去交付。小姨念书也超过高小，是父亲网开一面，让小姨去读会计学校。父亲啥希望，我以后再讲。仍先说大哥，他走近外婆家的竹篱笆旁边，就听到瞎全大朝着大舅在嚷嚷："你记住，全二去当兵，有个三长两短的，我一百个人不去找，单找你算账！"没嚷完，她的独龙眼里淌满了泪水。

大哥看到大舅拿着毛巾，一遍一遍为她擦，而且说："全大大姑娘，你怎么不讲理？哪一天，你家全二当上了军官，高头大马一前一后两个勤务兵，你也一百个人不谢，单单谢我一个人？"

大舅的指头触到瞎全大脸上，就像带上电，让瞎全大浑身颤抖着。她突然间捧住大舅那只手，捂在自己的脸上，抽泣着，抖得越发厉害。

大舅这时也看到大哥，他迅速抽出手，放低声音说："路上有人看着我们呢。"他又说："回到家，你对老子说，真的舍不得全二去当兵，卖壮丁就是。我认识好几个朋友，到时候帮你牵线搭个桥就是。"

大哥似懂尚非懂。第二年，即1948年，大哥沿着竹篱笆去外婆家，恰好看到瞎全大连吵带闹地又跟大舅进行斗争。她揪住大舅的胸襟往篱笆外扯。大舅一手抓着她手腕，另外一只手妄图抵挡她抓挠。大哥感觉场面非常激烈，唯一的办法就是跑到外婆家去搬救兵。

外婆正在忙着做篦箕，看到大哥跑到了院子，脸上顿时绽开菊花瓣。她停下手上的活，连忙起身喊："你慢点走，不要跑。跌坏了，你娘赶过来，又要怪三怪四瞎骂起人来。"

大哥靠近外婆很紧张地说："花园里，有个女人在打大舅舅。"

外婆赶到院门口，便听到了瞎全大脆亮的嗓门。她转过身对大哥说：“你的舅妈上夜班，在房间里睡。你去喊她来。”

文娟听到大哥的叫喊，先跑下楼梯。她比大哥大两岁，没跳级，仍读4年级。接着大舅妈也跑下了楼梯。外婆看到大哥跟着舅妈往院外跑，手一伸抓住他胳膊，把他拖进了房间，说：“快洗一把大花脸！”大哥洗脸时，外婆已拉开小厨，摸出了两包酥糖：“快点吃，饿坏了。你的三舅马上就要回来了。”

外婆坐回到厅屋，她做着箆箕守住大哥禁止他出门。

外婆觉得大舅已被瞎全大缠住。她没法拖，也不想去拖。把话再讲明白点，那就是，风言风语半只鲁家巷，已讲大舅跟瞎全大要好，后来传进外婆的耳朵，更是害得她一夜一夜睡不着觉。真有那档事，不单鲁家巷，远一点的朱家村都会过来剥光家里人的面皮。要知道，瞎全大的爹和外公，那是没出五服的兄弟！几天后，外婆在弄堂口看到大舅又跟瞎全大讲亲热话，喊住他，“要紧”问他什么叫“五服”：“人家问了我，我哪里知道！你知道，先生教过你。”

大舅下班时候“亲热”的，仍急着要赶鸽子飞，他没仔细想，脱口而出就讲“五服”有五种孝服。大舅说，大多讲五代，也有说是八代。隔开五代或者八代人，“五服”算出了，第六、第七代的人就不用奔丧，就可通婚了。

外婆“哦”了声，夸奖他：“你念书的人，就是懂得多！你再帮我算一算，全大的爹跟你的老子，现在有几服？”

大舅这才明白外婆讲话的意思，脸一红，忙把外婆推进大房间，关起房门对她说：“不要听人家瞎说！那件事，我肯发誓！”

外婆不争辩，顺着他的话去讲：“你真要做那种事，我对你讲，你的老子寻根大棍子敲死你，我在旁边也不劝一句！”

外婆以后听到的，就是瞎全大找大舅的茬子。大舅帮瞎全大已做起了媒，其中有一位好像是麻子，他被瞎全大又劈头盖脑狠狠臭骂了一顿。

外婆去喊大舅妈拖架，自己转回厅屋不多讲，那是小六子当兵开小差，昨天半夜跑回鲁家巷。一大早，弄堂便传开，说是小六子目睹的：跟他一起当兵的朱全二被一枪打中穿心过，当场送了命！瞎全大的爹本来病歪歪的，听到这个消息当场也倒地，只有出气没有进气了！一家出大事，当保长的没半点关系？瞎全大不去找大舅，她又能问谁讨一口怨气。

只不过，瞎全大也非常厉害，犹如一条单独的母狼。不一会，文娟搀着衣衫不整的大舅很狼狈地回到了院子。外婆横了他一眼，丢下篦箕摊，回到房间关上了房门。

大舅妈可是大成布厂鼎鼎有名的“那摩温”、雌老虎。雌虎母狼两相斗，这一回，瞎全大没有了气势，她无力招架，离开“花园”开始往家走。大舅妈追在大门口，叉着腰，依然朝着瞎全大吼：“你这个婊子，咬屌咬不着，只能啃大腿！你真要有本事，到区公所去咬下区长的老屌，让他偿还全二的性命！”

大哥趴在窗户口，看到大舅妈又跑到弄堂中间去吼吼：“以后你敢再瞎讲一句，你看我敢不敢把你的眼乌珠抠下，让你瞎着进棺材！”

…………

大舅妈得胜回朝。她的这一次胜利，也为大舅埋下祸根，施下了足够的基肥。

自有投身革命人

二舅妈烧的红煨肉味道呱呱叫。外公“退休”回到常州，大姨仍在上海安达纱厂里织布。二舅妈烧好红煨肉，就会拎起大的搪瓷碗，舀满肉，离开海防路的垃圾店，乘有轨电车再换乘无轨，一直端到大姨的厂里，让她“解解馋”，并乘机再一次劝她：金窝银窝不如自家的草窝——安达纱厂女工宿舍尽管像窝棚，自家的“草窝”是座小楼房，二舅妈只会这样讲。

大姨不久点了头。那一次，她挽起小包袱，很顺从地跟着二舅妈跨进垃圾店，住到了小楼。辞职的原因是安达纱厂没有纺出“新女性”，反而差一点摧垮了自己的肉体以及精神的支柱？大姨没解释。

二舅妈是常州郊区人。她嫁到上海，进了海防路，住了五六十年还是只会讲常州话，“阿拉”“阿拉”的上海话顶多凑两句。她待人接物也始终保持常州郊区的真诚热忱。大姨狂风暴雨鸟归巢，二舅妈不动声色、极其静心地调理，自将其凌乱毛羽很快恢复起光鲜，硕长的身躯变得丰满而凹凸有致了。溃败的野性枯草逢春雨，大姨开始新一轮疯长。那一天，她悄悄地寻到戈登路的福新烟草公司厂门口，自己又去报了名。

1946年的上海烟草业中，福新烟厂堪称“一只鼎”：抗战前，雇用职工超过1500人；1946年，就是大姨年底进入福新的那年，其职工总数已超过3000！福新当之无愧“上海民族烟厂的魁首”，因为那里45台卷烟机皆从国外进口；年产卷烟8万余箱，除了畅销宁沪至沪杭，汉口、长沙、南昌、广州等沿线也大销，其销售、盈利属“天文数”。福新的最早品牌名“无敌”，后来添上“福尔摩斯”“金字塔”等，品牌的香烟壳，现如今也只有顶级收藏家才看得到。

大姨要进福新上班了，才告诉二舅。二舅愣了愣，知道劝她也白搭，自顺水推舟说：“你欢喜当工人，就去当，哪天不想做，拍拍屁股你回家就是。”

二舅妈把大姨送到有轨电车的站台，再三关照：“下了班早一点回家。今天夜饭我烧红煨肉，大家一起吃。”

大姨过了年虚岁18岁。当初她在烟厂拣烟梗，后来就换流水线，回家时间也非常准点。她还告诉二舅妈每天下班时，厂门口都站着三四个稽查。那个大胖子稽查，打开她的空饭盒还检查检查，以为她偷什么香烟呢。

有时讲给二舅听，瘦稽查贼眼，有人灌了一把烟丝袜筒里，一眼就看出，而且一把揪住她头发，几个男人也围上去拳打脚踢的，作孽得她爬都爬不起来了。

过了年的正月底，大姨还跟二舅二舅妈讲“要紧事”：“我到青年女子夜校去念书了，下课晚，我的晚饭自己吃，你们也不要等我了。”

二舅笑着说：“你念书，我来教你怎么样？”

二舅妈呛二舅：“你喜欢喝老酒，我先来教你。”转过身，再对大姨说，“你在夜校念书不碍事，我把饭菜捂在捂窠里就是，夜校念书有点饿，你先吃饭也不碍。”

二舅妈仍不放心。她每天依然等到大姨回到家才定心，有一天交代——她怕欠谁的债、哪一笔债，说清楚又讲不清楚。不知不觉一年半过去，那一天，她等到半夜，大姨还没有回家，熬不住，于是趴桌面上迷糊。排门总算被大姨推开，她打开了电灯。二舅妈揉了揉睡眼，见她眼睛像闪亮，满脸淌红光，不由笑着说：“你这么晚，轧马路的是不是？捂窠里煎着鲜带鱼，还是你先吃一口饭？”

轧马路，就是男女朋友逛起街。大姨大姑娘，不知害羞使劲点着头，同时告诉二舅妈已吃过点心，蛮饱了。二舅妈喊“呱呱叫”，又说：“礼拜天，领他来吃顿饭，我烧红煨肉，顺便认识认识新姑爷。”

大姨又连连点头：“轧成功，一定带他来。你和二哥都觉得不错，我再领他去常州，认认爹爹和姆妈，还有大姐和姐夫。”

母亲也在后来的后来才得知，大姨是给二舅妈们放的烟雾弹。实际上，她在那一天面对镰刀铁锤大红旗，高举拳头正庄严宣誓：为共产主义事业而终身奋斗！她正式加入共产党，简称“地下党”，必须严守党的纪律和秘密，上不宣父母，下不告子女，夫妻之间也相互保密。二舅妈后来则是一直“幸亏”大姨瞒住她，要不然她三魂起码吓掉二魂半！解放前，巡捕抓住地下党，不杀头，也让他们先坐穿牢底——她能不知道？

我在大姨80岁那年曾经问她：“你在常州硬要念书，硬要回到上海当工人，竟连外公都管不住。你进福新烟厂后，家里小阁楼，赚着小钞票，总吃红煨肉，又为啥冒着杀头的风险去当地下党？”

大姨告诉我：“青年女子夜校请工人念书，不收费。有几位先生，不是借给我看《钢铁是怎样炼成的》，就是《卓娅和舒拉的故事》；夜校还给我们放电影，也是苏联片。听着看着我们就很快明白我们深受帝国主义、封建主义、官僚资本主义三座大山的剥削压迫。只要参加共产党，广泛团结工人和农民，就能推翻三座大山，全国人民就能当家做主人！我会不会杀头，当时真的没去想。”

大姨那次回忆1947年的光辉史，已是20世纪90年代中期。那天我还恰好遇到宋晓云，才25岁，南京大学毕业后被招进常州交通局，才任办事员，我连忙问他为什么入党，请求他讲真话。

小宋告诉我：“考取了大学后申请入党的，十个有九个是为了毕业之后找上好工作，好赚大钞票。”他所回答的，不但有很高的可信度，而且他确是芝麻开花节节高，进入21世纪便换任国企的老总，接着换升交通局的副局长……我以后再讲。

仍讲大姨。她参加地下党不久，上海近万名学生集会，欢送沪杭区国立院校学生“挽救教育危机晋京代表联合请愿团”，再上街去大游行……这许多活动，都有地下党在组织和发动。福新烟厂已经成立党支部。大姨说，她要组织工人去声援，与学生肩并肩地高呼“反饥饿，反内战”。巡捕驱散队伍时，她被抓进了巡捕房，她冒充是大学生，当晚便释放……战斗洗礼已让大姨胆大包了天。

福新烟厂可是丁厚卿独资。抗战胜利后，丁厚卿和三儿子一起退位，让老四当经理，老五任厂长，老六担任襄理。解放军的大炮一天近一天，退位的丁厚卿察觉天要变，便让老四借口卷烟销路不畅通，设法裁减员工，停下几条生产线，并趁早抽笔资金存往香港或美国，留个安逸的退路。大姨说，福新的党支部已接到上级的任务：迎接解放军，保护好工厂，使之回到人民的手中。

福新烟厂正式宣布裁员的决定。大姨说，福新党支部只有十几名地下党，随即分头唤醒工人的觉悟：今天他被裁，明天谁被裁？从来就没有救世主，工人要活命只有靠自己！等等，一把火种点燃了干柴。愤怒的工人们冲向福新工会，要求十天之内撤销裁员的决定。

福新党支部要求地下党：坚守福新烟厂，不到斗争胜利暂时不回家！

大姨知道二舅妈等她，会从半夜等到天亮，等不回还会赶到福新去寻找。大姨赶紧拜托工友带个信，告诉二舅妈，日班倒夜班，这一个月忙到哪天还不知道。第二天，二舅妈也托工友带去一只搪瓷缸。大姨打开瓷缸一见红煨肉，背过身，先拈一小块。油光闪亮嚼得满嘴喷香肉，忍不住偷偷又嚼了一大块。

斗争到了第五天，福新烟厂就像火药库爆炸，有几只车间更似闻满浓烈的硝烟味。这时候，地下党的“上线”派大姨去担任工人的代表，并且挑选积极分子一起走进了经理室。

大姨很平静地对丁盘泉说：“你再不撤销裁员，五天后，我们只能举行罢工了。”

丁盘泉笑道：“我们丁家的福新啥时轮到你们做主了？”

大姨依然细声细气地说：“福新的香烟牌子全国出了名。你们丁家的人，鸡鸭鱼肉吃不完，绫罗绸缎穿不尽。我们的工人拼命干，忙到了今天，你们竟然一脚尖踢开，让我们的老老小小也喝西北风！你们的心太黑了！”

丁盘泉仿佛中了大姨的怪招，一时竟不知应招——招你进烟厂，不是给你一只饭碗头？明明白白的道理，这个小姑娘，嘴一翻，将黑变成白，将白变成黑，丁家也成了靠着工人发横财，而且满有理。几位工人的代表，还在“黑心”“黑心肠”地起着哄！

丁盘泉没有了应招章法，便狂笑：“明天我先关闭福新的大门！你们有本事的尽管去发财，让我们的丁家人一个一个去穷死、饿死。”

大姨又一招：“丁先生，你可要看清现在啥局势。你让工人没饭吃，只恐怕你们一家吃饭也不得安稳。”

“你讲现在啥局势？”丁盘泉硬着头皮顶。厂长丁荷泉，也就是老五挤进人群中，咬住老四的耳朵说：“爹爹喊你快回去！”拖着他就往门口的小汽车里钻。

据说那天丁家六兄弟中四兄弟到齐。丁老头子摸出一封信，扔给老四让他念。

老四接信看“台头”，写着老头子（丁厚卿）大名，再看署的名，真的没料到竟是中共的上海地下党！老四念着信，说是对党要消除猜忌，更要丢掉不切实际的幻想；劝丁家人别搬迁，别抽资金逃国外，工人会支持、配合、保护福新的政策——话里，倒是蛮平和达理。

念完信，老四又把大姨他们冲进写字间软硬兼施的警告等一一讲了一遍。大家七嘴八舌议论着。丁老头子心烦，挥挥手：“各回各的家，听天由命吧。”

大姨此时又赶去了联络点。按照“上线”的要求，一对上暗号，便将带来的福新机器设备统计表、莫干山变电站的主要设备统计表等，交给了那个浓眉大眼的小伙子。他将资料藏进内衣袋，并向大姨传达新任务：“莫干山变电站的输电量，约占沪西地区用电量的一半。现要求，福新党支部全面配合变电站的地下党，不惜一切代价保护变电站安全，不让特务搞破坏，毫发无损归人民！”

大姨将小伙子传递的新任务，又向“上线”汇报了。她自己在福新烟厂宣布裁员的第九天，被工会主席喊了去，告诉她，福新不再裁员了，并且说：“人多为王，算你狠！”

大姨平静地笑笑，说：“工人感谢你，谢意还请转告丁经理。顺便告诉他，不少人家快要断粮了，发放‘应变费’，更能度过非常时期。”

工会主席把话转给了丁盘泉，说：“得寸进尺，太过分！”

丁盘泉吸一大口气，又重重吐出：“你对他们说，我已经答应，每人100斤大米、5个银洋钱。”接着他又说，“时局有点乱，容我三天筹款费。”

福新党支部用经济斗争的形式，团结起福新烟厂的工人，很快地，又发展了20多名地下党，加上外围组织的骨干、近期斗争的坚定者。1948年年底，上海福新烟草公司组建成了一支二三百人的护厂队，配齐了木棍、铁棒等武器。接着又打出了“人民保安部”旗号，“保卫工厂，迎接解放军”。

大姨也领到了100斤大米、5个银圆的“应变费”。上个月，大姨的薪水还没抽空去寄给外婆。大姨这次取出10个银洋钱，买下白竹布就直接送到秘密点。有人接过布，麻利地裁开，三台缝纫机又流水作业“哒哒哒”缝成了臂章。另有两个人，毛笔蘸墨汁，在臂章上一笔一笔写起“人民保安部”。

“上线”悄声命令大姨回宿舍休息。她接近一个月陀螺似的旋转着，还没睡过一个囫囵觉，这时候，猛然想起二舅二舅妈，恰好有辆黄包车，竟连价钱都不讲，便带着100斤大米，催着黄包车佬一路跑到海防路。

二舅妈站在垃圾店门口，看到了大姨。她张张嘴，没发出声音，眼泪先哗哗滚出。二舅就骂她：“你有啥毛病？快去小菜场，好烧一碗红煨肉。”

第二天，“上线”又派大姨到沪西二区“人民保安部”去接受任务。大姨跑到二区保安部，遇到曾经接过头的浓眉大眼的小伙子，一问竟是大队长。大队长背给了她一麻袋臂章——全上海统一规格的，白底子印着“上海人民保安队”红字的臂章。

大姨他们在福新制造的臂章不用了。浓眉大眼的小伙子，后来变成了大姨夫。

第四章

似沉欲浮大江南

（1949—1958年）

解放区的明朗天

一切献给“地下党”

大姨1947年入党，宣誓一切献给共产党！这时尚属“地下党”，上海“上线”去指示、去命令，大姨奋勇往前奔，无私做奉献。

1949年5月的一天清早，解放军很轻松地冲进普陀区，占领了警察局。远处的枪炮一时松、一时紧，噼里啪啦很像此时的雨点。那支连队的战士，仿佛骏马焦躁等待着腾挪，一一站到福新烟厂的附近，或者商家廊沿上、市民檐头边，急待新一轮厮杀。

同样这一天，“上线”在福新烟厂再次发出“日夜坚守工厂，随时迎接解放”的指示。大姨已经忙得如陀螺转，快接近极限。晚上她去女工宿舍讲“闲话”，准备“碰巧”讲讲苏联“当家做主人”，讲讲上海的理想。眨个眼到了黄昏，食堂开晚饭，她顺便望望福新大门外：小雨仍淅沥，战士在待命，仿佛准备露宿了?！慢慢走进了食堂，竟不取饭盒，拍拍阿香的肩膀悄声说：“那些解放军，一天了，让雨滴得潮湿了衣裤，蛮作孽。阿拉小姐妹，在福新烟厂寻块地方腾一腾，请解放军来坐一坐，或者躺一躺。”

大姨和阿香、阿菊是同车间、好姐妹。阿香这时嚼着饭，讲话也含含糊糊：“你没头没脑究竟讲点啥东西？”大姨重新说了一遍。阿香于是遥指一间大仓库、两间大棚子，说：“腾一腾，坐着躺着一百个人也笃笃定。”她咽一口饭，又扒一大口，盖起饭盒子，扯扯旁边的女工，对大姨说：“走，阿拉一道去帮帮忙。”

几个小伙子赶进大棚清理起来。不一会，阿菊带来女记者采访拍照片，隔天还真登上了报纸。标题是“解放军大街宿雨不扰民，福新厂热心女工争拥军”。配一张照片：战士抱着枪，坐在福新棚子里休息。

上海解放的大消息，登在5月28日的各大小报纸上。“上线”随即向大姨命令：组织姐妹上街贴标语、发传单。贴工厂、贴商店，收到油印“新华通讯”后，大姨更将“新华通讯”贴到大街小弄堂。提起解放初宣传，大姨很兴奋，她说解放军节节胜利，马路上的识字人也喜欢念“通讯”。人一多，大家挤在马路边上，一个一个还都踮起脚尖。

那些日子里，大姨最喜欢跟阿香、阿菊一起扭秧歌，唱着“解放区的天是明朗的天”，一起动员大商店、大饭店恢复生产。姐妹俩说话不多，大姨单靠她们的正义感，哪一个捣蛋，都会用尖刻话刀子一样去直捅要害，让其噤若寒蝉。大姨也动起念头，好几次想发展阿香、阿菊加入共产党。总算抽个空，请小姐妹到二舅妈家去“白相”。二舅妈待人客气，烧的红煨肉、炖的大白鱼，更让姐妹一直喊好吃，一直讲下一次来还要吃。大姨当然留心观察姐妹的谈论：是非明，有觉悟，确实不算低。由此也就决定向“上线”汇报，积极发展福新烟厂新党员。

来不及汇报，上海的地下党内部宣布取消“单线联系”的原则。这一天晚上，福新烟厂的全体地下党党员召开第一次会议。大姨走进会议室，一眼先看到阿菊，竟然坐在角落，她凸起乌眼珠，差一点还跳出眼眶！阿菊招呼大姨坐身边，悄声说：“亲爱的同志，我估摸……”没说完，阿香也闪入房间，望着大姨和阿菊，只是笑。阿香坐大姨左边，咬起耳朵说：“啥时候我们去二舅妈家吃红煨肉或炖白鱼？”

同志加姐妹，她仨要好得只差焚香点烛三结拜了。

上海的地下党活动继续保持着。人民保安部也就不能任命书记或者政委的职务；挥舞革命的旗帜，维护社会的治安，更全面公开。沪西6家卷烟厂，福新组建保安队伍近百位，设大队，推荐大队长；另外5家小烟厂，组建百十余保安，分五个中队，任命五个中队长。这些护厂队，皆称工人纠察队，持木棍、铁棒，巡逻放哨守护着安全。大队、中队又归沪西分区指挥部指挥。总指挥，我后来的大姨夫，他把福新烟厂的纠察大队当“王牌”。溃退的国民党逃往台湾岛之前，挑选5名军统特务钻进福新秘密地潜伏。上海一解放，大姨夫指挥有勇有谋的王牌军，不费九牛二虎之力便将5名军统特务一扫而光。2015年，我曾抄录大姨收藏的底稿：缴获长短枪6支，有中正式步枪，有左轮、七四、马牌等手枪，还有328发子弹……

6家烟厂的护厂队，华成、南洋两家可算力量最薄弱，大姨夫随即抽调福新纠察队支援；莫干山路变电所须增强保卫的力量，他仍抽调福新的纠察；华明烟厂不给护厂队员开伙食，他又派遣福新的大队长前去交涉。大队长是谁？支部书记、大姨之前的“上线”。大队长仍将任务下达给大姨。大姨很快找到华明烟厂的老板金叔平。她的宣传、鼓动工作能力已非同一般。嘴皮子功夫一发挥，仅三言两语，华明烟厂的啥问题就解决了。金叔平后来当上全国工商联主席，还专程找到大姨的单位去叙旧。

驻扎普陀区的那一支部队，找福新烟厂借米。前几天，他们打到普陀区待命，衣裤淋湿了，就是福新的兄妹腾出仓库来，请战士休息了一宿。这一次借米，大队长更爽快。卷烟厂的大米从哪儿来？他把大姨喊过去，用上海话命令：“侬发挥嘴皮子功夫，去跟工会主席打交道，笃定笃笃定。”

上海有记载：抗战胜利后，福新烟厂的丁家老板有汉奸嫌疑，国民政府由此查封福新烟厂的财产。另外有记载，丁家打通南京高院的关节，相关的案件也就移送江苏高等法院去处理。丁家随即取出“用力的”“地下工作者证明”，汉奸嫌疑也就改判无罪，恢复了财产。得知上海快解放，丁家兄弟想往外国跑，不免掀起裁员的风波，得罪了烟厂工人。丁家裁员失败了，很识相，全家及时退到幕后，让原来的工会主席全权代理总经理。

提起代理经理或工会主席，大姨讲了句老话：她是碰到老对手。她却没料到，这次代理总经理“格愣”都没打一个，还当场拨出万斤大米赠送解放军——再次强调“送”，不是“借”。是真心还是想留条后路，我没有分析。代理总经理还建议大姨：“急送米给解放军，借不到板车，你们可用仓库里的老虎车。”

大姨后来才夸奖他真聪明，“一只鼎”！

因为那个主意确实很不错。老虎车，那是用来倒腾仓库的小车，比板车要小许多。福新大队还真没借到板车。运粮的小队将米包随即装进老虎车，沿着马路一直推到十里外，送进了驻地。政委很感激，并请大姨收下借粮的军条。那一张军条，后来转交到丁家，至于是否保留成文物，那就不得而知了。

大姨的“上线”公开宣布他是福新支部书记了。普陀区党委也公开分配支书的光荣任务：组织上海老百姓，慰问子弟兵。福新党支书依然安排大姨去完成任务。大姨这一次同样邀请大师傅一起商量。福新师傅们认为，慰问解放军，他们最拿得出手的，除了香烟还只有香烟。支书同意集体的意见。福新的同志开始日以继夜制作“特供烟”。福新有“红金牌”香烟，老师傅取巧，将“红金牌”的钢印五角星，单单印烟标，特供香烟的烟名也印“红星牌”，更具特殊的意义。那一天，一箱一箱的“红星牌”香烟，即由大姨、阿香、阿菊等党员以及积极分子代表，敲锣打鼓送到那个借过大米的驻地。“猪啊，羊啊，送到哪里去”，“八月桂花遍地开”等等，大姨她们一一唱，军民团结更如一家人。

三姐妹合唱，大姨没想到竟然成了友谊的“绝唱”。

这天大姨红光满面刚回到福新，就被支书喊进办公室，布置了新任务。大姨有些沮丧。她去车间找到阿香和阿菊，一开口，就更怕说起话来了——她的新任务竟是动员阿香、阿菊去报名，奔赴“南下服务团”！

军史有记载，解放军攻克上海后，三野第十兵团开始向福建推进。因干部短缺，党中央决定，首先在上海招收3000名知识青年和职工，组成一支“南下服务团”，并决定在南京、上海等地招收青年知识分子和职工，更需要工程技术人员，再组建一支“西南服务团”。招到1949年10月1日，4800余人的上海团、3000余人的南京团、1000余人的苏南团以及一批南下老干部，共计1.7万人，开始奔赴新征途、参加新建设。

福新支书这一次安排任务，特意关照大姨：“动员阿香、阿菊报名参加解放军（服务团），家庭生活若困难，只要一提出，我们支部就尽力解决；她俩申请去福建，或者去四川，我们也尽量满足。”

大姨这时不断提醒自己：遵守共产党原则，服从组织的安排！她已坦诚暴露自己的思想。那时响彻云霄的“中华儿女多奇志，不爱红装爱武装”还没有诞生，黄军帽压短发、宽皮带束细腰的小女兵，已让大姨十二分羡慕。她对支书说：“我和阿香、阿菊一起去当兵，我们一定能团结、更革命。”

支书不同意。他说福新生产要宣传，福新改造需“铁嘴”。沪西分区总指挥与大姨谈恋爱，是否涉及大姨想当兵、支书“不同意”等，我没去了解。

大姨闷闷不乐时，阿香阿菊以为大姨挨了支书的批评，便去僻静处，轮番地劝慰了她一番。“你说啊，到底啥事情？”阿香急起来，“支书说得对，我们就改正；说错了，我们与他一起去评理！”

大姨这才说：“支书让你们参军，去南方，就是不同意我报名。太偏心！”

阿香紧张地拉开喉咙：“你说啥？”

大姨便将支书讲的话，气鼓鼓地重复了一些。

阿香泛红了眼圈。阿菊掏出手绢擦了一会，捂住了眼睛。

大姨以为姐妹已“难舍难离”，忙劝慰她们。哪知阿菊移开了手绢，眼神飘出明显的敌意：“真的你想去福建当兵，支书不准你报名？”

大姨点点头：“唉，没办法。”

阿菊盯住大姨的目光突然收敛了，发出一声“哼”。

阿香抹抹自己的眼睛，也跳过大姨目光，跟着阿菊一前一后离开了大姨。以后若相逢，即使碰头也熟视无睹，仿佛陌路人。大姨呢，别说第二次动员，想解释都等不到靠近，她俩见瘟神似的已经远远避开了。

大姨没汇报支书。福新支部的任务必须要完成。那一天，大姨快下班，她提前站在福新烟厂的门口，等起了姐妹。她俩出了门，大姨悄悄跟着走了一段路，突然跑上去，一把挽住阿香的胳臂弯，说：“今天领到薪水了。我们姐妹去宁波饭馆吃腐皮包大黄鱼吧，便宜又实惠，我请客！”

阿香推开大姨的手：“我们已经报名了。你还想动员谁？赶快去动员。”

阿菊回过身，走到大姨面前沉沉地咆哮：“你出卖朋友还在冒充活菩萨，下作不下作？”

大姨就像掉进冰窟窿，顿时打起了寒战。

酷暑暴雨特凉爽

报名“南下”的阿香和阿菊，第二天要上部队集训了。大姨得到了消息，特意买了两个小礼物，准备吃过晚饭后，即使掉进冰窟窿，也要游水爬到阿香、阿菊身边，再一次坦陈自己真的想参军，想和姐妹一起南下。

盛夏的暮霭，悄无声息地在海防路撒开。鹅卵石沿街，家家房门口，开始泼洒洋井水；水珠飞溅处，热浪腾开如烘面包。洒过的水，很快干，天还不算暗；端小凳、搁竹椅，还都摆只小台子。男人赤膊短裤衩，女人短裤短袖子，大姑娘十六七岁，裸胳膊露腿拖一双木屐，坐在大门口吃饭，照样很坦然。这天晚饭后，在路旁边，三五成堆摇起蒲扇，讲起国军溃败，共军还要打台湾。大姨快步踏着鹅卵石，像熟视无睹，远远看见路灯下的垃圾店，才猛然想起二舅妈早关照她，趁下班带瓶芝麻酱回去，好拌冷面，顺便买点酱小菜，玫瑰大头菜也好，酱乳瓜也好。大姨知道二舅喜欢吃老酒，她自己也想顺便称点油氽花生米，拍拍二舅的“马屁”。结果全都忘光了。拐个弯，隔壁那个小弄堂，再拐一个弯，也有一爿酱菜店。大姨于是想拐弯，这时候，赤膊的、短袖子的人们，突然间都往垃圾店方向涌去。大姨下意识地站住脚，定神再看看，路灯下的垃圾店大门，像堵塞了。大姨又忘记买芝麻酱，拔腿便往垃圾店跑去。跑近了，垃圾店的大门里三层、外三层已围住了。马路的对面，好些人还端张板凳高高地站着，摇着蒲扇像听“小热昏”、像卖梨膏糖。

大姨奋不顾身挤进垃圾店。第一眼，她竟看到一个陌生的女人，揪住二舅妈大声嚷嚷。二舅妈请她松开手，有话慢慢讲，她却揪得越发紧。另一个女人拼命缠住了二舅，在喊什么“还我的女儿”。

大姨用力掰开揪住二舅妈的手，正色道：“上海解放了，天大的事，人民政府也会正确处理的！侵犯人权是属于犯罪，你知道不知道？”

大姨的“官腔”，镇住了那两个女人。

二舅妈整着凌乱不堪的圆领衫，很委屈地向大姨“告状”，说：“她们莫名其妙冲到我家就讨起两个女儿！还讲啥，明天她们去当兵，今天肯定躲藏在我家。我不想跟她们烦，也就笑着说，我家楼上楼下屁股大点的地方，你们一寸一寸找过去，要真找到了，砸烂我们的垃圾店，我也不会喊一声冤枉。我还没讲完，她们还真跑上了楼梯，又跑楼底下，分垃圾的隔壁也钻了进去！接着又哭喊着揪住我的圆领衫……”

大姨有点明白意思了。她问二舅妈：“冷拌面你拌好没？你和二哥先吃吧。”

二舅妈喊声“不好”，跑到楼梯脚底下，只见灶披间的锅子里，本来准备捞出面来冷拌的，已老早忘记，变成青菜都不加的“笃烂面”！二舅一直赤着膊，这时热得浑身淌汗水，他骂了声“我碰到了赤佬”，离开垃圾店，自己找个小饭店就喝起小酒解起闷——却见大姨堆出一脸笑，问起两个神经病女人："你们是阿香、阿菊家姆妈？"见到她们点点头，她竟然亲热地喊起了姆妈，"快到楼上坐一会。我二嫂拌的冷拌面，真的好吃透！"

二舅没再去看那两个女人，她们真的跟着大姨又走进小楼。大姨每人递了把蒲扇，准备问问她俩啥缘故，哪知道，她俩齐齐跪倒在地板上，双双磕起了响头："好同志，我们求求你，拜拜你，把阿香（阿菊）还给我们吧。"

大姨连忙搀起两姆妈，说："阿香、阿菊不在家？今天也没去福新上班啊。"

阿香妈哭着说："她们背着铺盖，说一起去你家了。"

聪明的脑子顿时冒疑团。她不动声色地问阿菊妈："阿菊背着铺盖也跑了？"

阿菊妈说阿菊连脸盆、茶缸都带走了。两腿一弯她又咚咚咚地磕响头："求求你，把我家阿菊放回家去吧。"

大姨搀起了她，突然放出高音量："阿菊跑到我家垃圾店，是你看见的，还是人家讲给你听的？"

阿菊妈愣了愣，瞄瞄阿香妈，露出了怯意。大姨便问阿香妈。阿香妈椅子上一坐，瞪大眼睛说："你逼她们报名去当兵，我们不找你，去找谁？"

阿菊妈忙跟着说："你不还给我，我也不走了！"

大姨忽然笑起来，"明天我带姆妈去集训地，大家碰头重相会，丁是丁、卯是卯的不都清清楚楚了？"接着她又讲："阿香、阿菊在上海集训，住宿舍、吃食堂，军衣军裤都配齐，她们为啥背铺盖，还带脸盆和茶缸？姆妈你们也顺便帮她们把铺盖全都带回家。”

两位妈妈大眼瞪小眼，真的不知怎么回应才好了。

大姨趁势搭台阶：“你们饿了吧？我给你们去端冷拌面。”

阿香妈说：“当面铜锣当面鼓地讲清爽，要比垃圾店里吃碗冷拌面香几百倍。”拔起腿，就往楼下走。阿菊妈跟她出了门，同样不回头。

第二天早上，大姨没有等到姆妈们，也就向支书汇报。支书让她去调查。一调查，阿香阿菊都没去集训报到。大姨心里非常不踏实，随即赶往阿香家。天已经变黑，阿香果真不在家！大姨咬了咬牙齿，便往阿菊家赶去。在不远处，她终于看到她的小姐妹，坐在竹片上面乘凉，有说有笑很正常。水落石出了，露出的石头，更沉重地堵住了大姨的心口，天热得发闷，大姨心神恍惚的，头发稍上滴汗都没有感觉。

——阿香阿菊这样做，那是对党极端不忠诚！

一大阵狂风，卷起满地的尘灰，大姨慌忙闭上了眼睛。睁开眼，她猛然发现，前面已到海防路。一道灼白的闪电，这时划开漆黑的天际，接二连三的，更炸开了响雷。乘凉的人家迅速往家里搬家什。黄豆大的雨点追着屁股往下倒，更像砸，砸在身上还好些疼。大姨靠着马路灯，只顾跑；雨帘中，好像有人撑着一把油纸伞，看不清是谁，还站在垃圾店门口四处张望。她不管，继续往家跑，衣裳已淋透，脑子也清爽许多。跑着跑着，差一点撞倒了人家。

那位没有责怪她，还与她一道撑起了油伞。大姨闻到一股香烟纱气味——就像外婆穿的香烟纱一样，味道还蛮浓。大姨抹开雨水封住的眼睛，借马路灯再揉一揉，哈，竟然是外婆！

大姨抢过油伞帮外婆撑着，问她啥时到上海来的。

外婆没回答，摇着小脚责怪大姨：“你这么大的人，出门也不看看天！你看淋成啥样了！”回到垃圾店，就催她洗头，躺进大盆子里洗澡换一身衣服。二舅妈帮她倒水洗衣裤，外婆已经煮好生姜红糖汤，抹布托着碗，端到桌上催促她：“趁热喝下去，先逼出寒气。”

大姨试试生姜汤，蛮烫嘴，斜眼偷偷瞄一眼外婆，很明显，已经变老了。她的额纹虽不太明显，但松弛的腮帮已无力挂落。大姨开始吹一口凉气，抿一口姜汤；抿一口，她再吹一口，贪婪享受着母爱。碗里喝干了，大姨又出一头汗。外婆不让她去用自来水龙头，端盆热水又送到她面前。

暴雨停止了。热毛巾捂脸，特别舒服。

二舅妈炒了一碗蛋炒饭，端给大姨吃晚饭。外婆陪她坐在台边上，突然问起她：“你没去当兵？”

大姨嚼着饭，苦脸说：“支书不让我报名。”

外婆如释重负长长舒出一口气：“我还以为你要开拔呢。”

大姨不禁问：“谁说我要当兵的？”

二舅说他半夜睡不着，想想还是跑去邮局拍电报，喊外婆赶紧回上海。大姨一直想参军，他自己拦不住，哪一天，她去了四川，或福建荒蛮地，他怎么跟外公外婆交代？

天一亮，外婆接到了电报，便匆匆赶到常州火车站，乘车去上海。阿香、阿菊的姆妈在昨天跑到海防路，是否联袂演闹剧，我一直没有去调查。大姨同样没有悟出过其中道理。当时她对阿香、阿菊姆妈的反感，到后来居然也变成了同情。

暴雨后的夏夜特凉爽。外婆虚惊一场躺进了凉席，等到大姨也钻进蚊帐，躺在脚头边，她才放纵自己打了个瞌睆。醒过来，天已经大亮。望不见大姨，她下了楼，看到台上摆着油条豆浆生煎包。二舅二舅妈在垃圾店门口，已做起生意。二舅妈看到了外婆，便告诉她，大姨喝碗豆浆吃一根油条，已去上班了，让她也吃早饭，豆浆、生煎包还是热的。

外婆喝豆浆，吃了四只生煎包。她又说，常州的生煎包还买不到。

二舅乘机告诉外婆：这一阵，大姨不算忙。前几个月，影子都难看得见。

外婆便讲二舅妈："你不起得也蛮早。"

二舅妈咯咯笑道："你一夜呼噜没停歇，我能睡得着？"还故意不去提大姨。

外婆说："你睡在隔壁，隔一层木板，我的呼噜你也听得见？"话说完，马上想起大姨睡身边，当然越发心疼起大姨。午饭后，无论二舅二舅妈怎么挽留，她都坚决回常州。理由就一个：大热天，外公一个人，不能没有人照料。

一个星期后，阿香、阿菊回福新上班。

三天前，福新的支部扩大会议中，针对"南下服务团"的具体事宜讨论了是否给予阿香、阿菊自行脱党的处理。大姨举了手，没有半点犹豫——镰刀锤头红旗底下宣了誓，就得坚决服从党的分配，这可是党的原则！

外婆拜起观世音

外婆赶去上海又赶回常州的第二天，外公又发生了砸酒瓶事件。

外公砸酒瓶经常会发生。那天傍晚，他坐在院子的中间，边乘凉边喝着老酒，被三舅一搅，火头冒出八丈高，一只酒瓶带一只杯子，乒乓哐当两下子，摔出一地碎片。后来外婆一直埋怨“老棺材”：“酒瓶我随你掼，你为啥，专门砸在屋基菩萨的头上？”屋基菩萨登座在朱家院子哪一处，外婆却又讲不清。她只讲，三五年，朱家院子大事小事不断线，她烧香拜菩萨，不久便形成习惯。

外公砸到屋基菩萨前，三舅读完高一已进入暑假。论当年，外公要带三舅去上海、读日语，争取当买办，被三舅拒绝，他没有强迫；三舅考取武进县立师范念初中，学费不要交，日后当老师，外公更满口答应。念完初中三舅萌生新一轮目标：得考高中、念大学。外婆不想让他再念了。1948年，米面油涨价发疯，三舅去当老师，或者进木行、入米行，一家吃饭也就不用发愁了。然而三舅仍去考正衡中学，而且考取了。

私立正衡的学费不便宜，外公仍质问外婆：“本大利不亏，你懂不？”外婆不同意也只好同意。解放后，正衡改为常州市一中；进入21世纪，市一中升为省重点，名声大噪。教育局趁势重启“正衡”老号，“公私合营”办起了附中，最大程度满足望子成龙、望女成凤的愿望。

当年三舅进正衡，外公信奉“本大利不亏”原则，想法很自私；今天正衡附中的学费，超过公塾还不满4倍，但更适应改革发展的需要。“一部分人先发财”的家长们，遇到子女考不取正衡，并且前门走不进，便可以裹上三五万红包，敲开后门塞进去。此话说得太远了。仍说三舅考取了正衡，读完高一取得的学问，上溯十代已经无匹敌。外公躺进清泉浴室炫耀了一次，以后再进浴室泡澡堂，往长躺椅一躺，跑堂佬们也会多扔几趟热毛巾让他焐得更舒畅。

外公的发财梦，已经寄托在三舅身上。他无法理解三舅一眨眼又想参加解放军，偷偷跑到上海去报名。录取了，《解放日报》登上他的名字，他才告诉外公和外婆。

之前外婆以为大姨要当兵，急忙赶到上海，闹了场虚惊。这天外公接过三舅手上的一张《解放日报》。掠一眼，密密麻麻垫满了名字，他仍以为三舅开玩笑。放下酒杯夹筷豆芽菜，他便喊外婆去拿老花镜，以借报纸助酒兴。再一看，真的不得了，三舅的名字还真登到了《解放日报》上！外公想撕碎报纸，然而60岁的老头子，还有本事抵抗活络的十七八岁的小儿子？三舅手一伸，便将《解放日报》抽过去，转一个圈，空手回到大院，好像啥事都没有发生，端起了饭碗，举起筷子先伸进菜碗。

外公于是砸酒杯、砸酒瓶，仰面躺在竹躺椅上喘粗气。

很听父亲说话的小姨，小学没有读完就报名考取财会学校，已念完初二。这时正值暑假，也真的生怕树叶掉下砸破头，她晚饭才吃到一半，便悄悄地从后门的侧门口绕到长沟弄，逃到母亲家，也没告诉母亲去“避难”。

外公在火头上，外婆不去劝，劝得“人来疯”越加发作，天都没有箬帽大，乌眼珠里更加没有旁边人。外婆一言不发拿把笤帚只顾细细扫碎屑。夏天热暑的，只怕戳了哪个人的脚底心。

没有人搭茬，外公坐起身，指着三舅又破口大骂：“你这个小赤佬，已经不把我当人了，是不是？上次给我看报纸还算客气，其实在放风，是不是？”

三舅讲给我听过，那张《解放日报》是在1949年6月13日出版的，头版头条大标题：“大批培养各种建设人才　华东军政大学本周招生　第一期名额三万　陈毅将军任校长”。三舅递给外公看那张报纸，也真的是给外公和外婆放风，告诉他们他很想报名参加解放军。

那张《解放日报》还是大姨委托同事送到正衡中学三舅的手里——三舅还没放暑假。大姨在上海已经动员福新烟厂的姐妹参军；她送《解放日报》给三舅，却连一张字条也没附——理解成啥意思，就是在表达啥意思。她果然不愧是“地下党”。

外公原来想细读报纸，三舅说报纸是借来的，得还给学校。外公知道《解放日报》是上海的，常州也有得买，但他转个身，却忘记买了。他哪想得到隔天三舅会去上海报名。

三舅说：“你总喜欢读报纸、看局势，我特意找来给你看，你讲我错啥地方了？”

外公把躺椅靠拍得砰砰响，吼道："好男不当兵，好铁不打钉。你怎么不听？"

三舅瞪圆眼睛说："我听啊。我没去当兵，我报名去读书啊。我聪明，高中跳两级，不是一下子考取了大学？！"

外公拎出老布鞋就砸过去："你给我滚！"

大舅恰好进院门，三舅头偏过，老布鞋差点砸在他脸上。知道外公的脾气，大舅捡起布鞋送到他脚边说："碎玻璃没扫干净，你暂时不要赤脚走。"又对外公说："你这次'拷'的老酒还真香。酒瓶砸碎了，酒水也淌干，我的鼻头还是香得差一点拉掉。"又问三舅："家里还有吗？没有赶紧去源大盛'拷'。"

三舅饭已经吃饱，他抹抹嘴对外公说："我听你的话，先滚啦。"

外婆横了眼三舅，又对大舅说："一民家老子端午送来的老酒，还有大半瓮头呢。"转过身，灌满一瓶老酒带上两只玻璃杯，又往小桌上一蹾，冲着外公说："酒不要钱买，杯子也不要，你吃得不高兴，掼就是。"再对大舅说："你就陪他喝两口。"

外公不喝老酒犟不过肚皮，喝着酒，便将三舅大逆不孝的行径一一讲给大舅听。大舅当保长三四年，没白当。他压低嗓门替外公分析，说："现在已是共产党的天下，穷人翻身做主人，不少大老板躲香港、逃台湾，你还想喊小儿子去学生意、发大财？他进军政大学念出来，当解放军军官，你说啥不好？"

三舅就这样穿上军装走进华东军政大学当上第一期学员。

大舅的分析也让外公担心政府没收了惠丰米厂的股本金，

第二天找到了父亲，很不好意思地讲他想退还股本金。附在父亲名下的另外三位小股东全都找过父亲，想收回“保命钱”，再不要红利。小股东的那些事，父亲眼里已经是毛毛雨，他摸出两条小黄鱼，便全部回购，顾了面子还顾上隔里。

银圆不会再被没收了。外公再想想，跨进惠丰米厂“摇钱树”，一年一笔可观的红利，不好再收了，怪可惜。只不过，三舅不念正衡不再有开销，大姨月月寄点钞票来，宅院里的四间厢房还收点租金，日子仍不会难过。发财的念头，外公也彻底断绝，半真半假还叮嘱外婆：“初一十五去天宁寺，上三炷平安香，好祈求菩萨保佑我们一生都平安。”

外婆信菩萨，初一十五还真的赶去天宁寺。家里的杂事经常忙得吃不消，一对“解放脚”，她更走不快。十月十五那天，拜过佛，她在天宁寺便请了一尊观世音，专门迎进鲁家巷宅院。厅堂的房客进进出出烧香磕头不方便，外婆便把菩萨供到房间里，每天虔诚磕上三回头，每一回，念三遍“普陀山琉璃世界救苦救难大慈大悲灵感观世音菩萨”。她一直供檀香，供得没多久，橱柜台凳全都沾满芳香独特的味道。

解放这一年，朱家宅院的竹篱笆，大舅种的月季花空前灿烂。花开花落时，大清早，他加件罩衫修剪花枝时，一样变得丝丝寒。这一天，大舅还在修花枝，篱笆墙外的瞎全大格拉嘣脆地喊起他。常州一解放，“保甲制”随即改为居民小组、居民委员会，大舅的保长职位自然被淘汰，瞎全大登上居民小组长宝座，全都非常正常。

招手喊大舅的瞎全大，又喊起大舅。大舅已经看到瞎全大，也看到居委会主任费宝宝、派出所的张同志都站在旁边，赶紧一脸笑，屁颠屁颠跑过去。母亲提起费宝宝，总讲解放前，他和大舅都是鲁家巷的“白相人”：大舅富白相，他跟街痞穷白相，白相不“转”时，曾经敲过大舅的竹杠。她还告诉我，他当上居委会主任后，好一时还保留这习惯。

这时的费宝宝面对大舅，竖根大拇指头翘翘身边的张同志，命令大舅道：“你跟张同志到派出所去走一趟。”

大舅浑身有一点筛抖。

刚解放，大舅听说常州镇压反革命，悄然跑到了上海，特务似的躲进垃圾店。他与二舅、二舅妈见面，开始等大姨，然后乘轮船到香港去，以保住性命。大姨下班了，很累，得知大舅误解政策，她的积极性随即高涨，告诉他，镇压的对象是土匪、特务、恶霸、国民党和三青团骨干，还有“一贯道”头子。他当上保长，没血债在身，不会被捕更不会判刑。大舅连夜回到常州。故土难离啊，若是真的去了香港，而大舅妈、文娟姐还留在鲁家巷……

派出所的同志仍把大舅带走了。怕外婆担心，大舅走侧门去换了身衣裳。大人小孩看热闹，叽叽喳喳还是惊动了外婆。外婆赶到后院，费宝宝、瞎全大领前，张同志带着大舅跨出侧门，大人小孩跟着涌到了门外。大舅妈在大成布厂做深夜班，还没有回家，文娟姐扶着侧门的门框发呆。外婆走进后院张不开嘴、喊不出音，只是领着文娟姐进了大房间，先给观音菩萨磕三个响头，哑着嗓子再让文娟姐跪下，说：“磕三个响头，求菩萨保佑。”

观音菩萨显灵了。中午才烧饭，大舅已回到大院，乐呵呵地喊起了“妈”。外公坐在房间里，黑脸只是不说话。大舅忙进房间告诉他："张同志带我进了派出所，先让我填一张表，问了保长的几桩事，在记录本上按个拇指印，便放我走了。"

大舅依然自觉自愿夹紧了尾巴。"逢人三分笑"不讲，单说"白相"的几十只鸽子，纯种的送人，剩余的一只一只捏住鼻子都闷死。只不过，清蒸吃也特别鲜，而且也送给母亲清蒸过两次。再说月季花，好几棵，都没再修剪，老枝败叶由其过了冬。春天老枝抽新枝，有点芜杂，依然无忧无虑含苞吐蕾，沐浴着和风，一朵一朵仍绽开，只不过瘦小了许多。小姨没忘记的是在月季绽开的第一批，剪下一束插进大口瓶，灌足水，摆在小床的床头柜。花瓣没枯萎，会新换一束，让小房间也有一撮鲜亮，散开浓郁的花香。

小姨要比三舅大3岁。在1950年6月，三舅考取华东军政大学，已当上大学生；小姨五年级时考入会计学校也将近毕业。负责小姨学费的父亲，在小姨会计毕业后，还送她去永丰盛管账本——一举多得更别出心裁。一等的好事外公自然满口答应。没料到，小姨毕业了，永丰盛的麻烦事也恰好多起来——这话后面再细说。21岁的大姑娘，小姨一时难养家，外公更是催着外婆找婆家。"胆小怕事"的小姨，当然诞生了伟大的抱负。她对外婆说："我想去上海玩两天。"

小姨当然来到海防路，有二舅妈在垃圾店烧饭、二舅喝老酒。大姨25岁还没结婚，下班也很晚，这天见到小姨的第一句话，便是"我正想写信给你"。她说三野要在上海招收年轻的女兵，文化程度至少得初中毕业。接着神秘兮兮如同"地下党"：最近，中央组织部部长陆定一向苏联驻华代办通报时说，华北150万名党员中，130万是文盲或半文盲；区委以上的领导人员中，近50%没有文化或文化不高。国家迫切需要一支庞大的、有文化的干部队伍，对偌大的中国进行有效的管理。她最后总结："你如果参军，以后肯定能派大用场！"

小姨热血沸腾了，隔天回到常州，什么永丰盛、找婆家，全都忘了个精光。听说外公已去泡澡堂，小姨一定心，连忙央求起外婆，外婆哪里敢做这个主。小姨回到小房间，花了一晚上鼓足勇气，第二天，她挨近外公还是怯生生地讲："我也想回上海当女兵。"

外公当场就答应了。小姨简直不敢相信自己的耳朵。

外婆松弛的腮帮，忽然垂得更加厉害了："走吧！你们都走吧！"等到一个人在房间里，她点上三支粗粗的赤檀香，又给观音菩萨虔诚地跪下，祷告着，磕了一个又一个响头。

小洋楼的花样经

借春风，展宏图

1951年春节，常州居委会的主任费宝宝、小组长瞎全大，敲锣打鼓地走进鲁家巷6号，把“光荣人家”的鲜红横批亲自张贴在外公外婆家的房间门上——

三舅1949年一身军装，聆听着陈毅校长的教导。此时已准备赴京，上任中国人民解放军的首代雷达兵。

小姨1950年离开鲁家巷，赴南京当女兵，飒爽英姿！她是会计学校毕业的，部队培训她审计，仍在1950年赴上海，接替国民政府的财政岗位！

大姨1947年已加入“地下党”；如今上海的市委市政府，又派她赴静安寺街道，承担更加重要的工作——常州的居委会没送外公“光荣人家”。

母亲也是外公外婆的孩子。1950年她也在常州普利街建造了一幢中西合璧的小洋房——睥睨普济桥，在苏南宅院的龙脊粉墙里鹤立鸡群。

普利街的小洋房蓝图，是在常州解放那年的夏天、三舅跑去上海报名当兵的那天，父亲交给包工张得利去负责的。父亲坐着那一辆包车，张得利跟后，一路上跟他跑到新市街的小河浜。父亲没下车，指指一长溜木排，关照他：“用得不够早点告诉我。”然后蹬一蹬车铃，丢下张得利，又让老四撒腿奔回永丰盛。

建造洋房的杂事，父亲几乎不再去过问。挖地基那天，母亲急匆匆地跑到永丰盛木行，喊父亲，赶紧去一趟，我家的东山墙，秦师母不准靠紧她家西山墙！开米行的李先生，瞎起哄，说我家后檐，到时候，雨水会滴到他家屋顶。他由此要我家的后墙再缩一尺。

父亲拨拉算盘珠，噼里啪啦连头都不抬。过了一会儿，抬眼看账簿，发现母亲还站在写字台前，才连忙回答：东山墙缩一块砖，后墙缩一尺，你让张得利重划一下就是。接着叮嘱母亲：“别为芝麻大点的小事，跟左邻右舍红了脸，碍起造房子大事，不合算！”

母亲本来还想讲给父亲听，秦师母、李先生是故意找茬！人家更是告诉她，盖起的小洋楼，比他们的宅院要高两三倍，要挡他们的风水，也就恨透造起的洋房。她见父亲又埋下头，眼睛盯账簿、嘴巴念数字，一手捏支蘸水笔，一手噼里啪啦拨拉算盘珠，非常地神圣，也就不敢再打扰。再想想，自己去跟秦师母、李先生继续争吵，等于莲花糖争干屎臭，翻来倒去的，还是那么两句话。母亲悻悻地咽下一口窝囊气。

父亲替小姨付学费念会计学校，结果她没进永丰盛记账，与私营企业在1949年之前必须重新登记注册有较大关系。10月1日五星红旗高高飘扬，那颗“民族资本家”的小星让父亲很快充满了信心。

木业公会开大会，常州的市政府特派李同志参加。

木行会长李金霖请特派的李同志讲话。

李同志戴一副眼镜，开门见山不客气："有人讲，共产党'共产'，他们没讲错！但'共'的是官僚资本家的'产'、封建地主的'产'。在座的木行老板，都是民族资本家，都是共产党团结的对象！"

木行老板一阵兴奋一阵骚动。李同志把握兴奋点，继续说："蒋家王朝灭亡了，新中国百废待兴。我们常州将重点恢复纺织业，以及米业、木业等国计民生的商业。我们"共"官僚资本的"产"，客观上，正在为你们腾出发展的空间。我们对私商的政策是——"

李同志故意顿了顿。父亲的钢笔尖，果然焦急地等起笔记本。

"——我们的政策是，鼓励长途贩运、深购远销，要让你们有利可图！在发展中，你们遇到啥困难，尽管提出来，政府会尽力帮你们解决！"

老板们掌声如雷动。李同志拳头高举、鼓舞大家喊起了口号："让我们为活跃城乡交流，携手奋斗！为常州商业的恢复和发展，荣辱与共……"

阳光灿烂，道路宽广。父亲又踌躇满志。

永丰盛木行在鲁家巷1号召开董事会。经理黄傅成先讲，讲了两句话，便让父亲去讲。第一副经理的父亲把即将盘点的账目，一笔一笔讲清楚。讲完了，不无自豪地总括：永丰盛在1946年复业，原始资金是1800元，约合600两木码；而现在，我们银行的黄金就有600两，木码（包括在途的）超过4000两，超过原资本已经5倍多！

紧接着，父亲把李同志在开会讲的话，拣要紧的重复了一遍，并说："工商局开始催促我们，私营企业要一一登记，为支持国民生产恢复和发展。"

程祥生稳了稳情绪，站起身，用平和的语调说："永丰盛木行，我真的不想发财了。行里股本退不全，折合点木头，我也算认了。"

解放的前夕，程祥生就一直想退光股本，程师母更嘀咕不断，说他"当断不断"害一家，"必受其乱"你活该等，程祥生全都忍耐。他信服父亲是"能人"，永丰盛中兴，父亲还有一大半功劳。可现在，永丰盛要重新登记，里面的文章啥人看得清。老桂明眼人，却像唱双簧，在请大家留股本，要把永丰盛的生意做得再大些！程祥生猜不透老桂，索性不猜了。想退股本的股东，面对这么多黄金，更加想落袋为安，更与程祥生一唱一和了起来。

黄傅成喊了声"祥生"，说："我想了又想，搬到香港澳门去，逃到台湾去，不到万不得已肯定不情愿；李同志讲的那些话，我想想，也有点道理。做大还是做小永丰盛木行，我却拿不定主意。老桂啊，你到底想些啥，快讲给大家听一听！"

听父亲"嗯嗯"，黄傅成嚷嚷："你先说一句，永丰盛散伙，还是把生意做大？"

张老二也冲着父亲说："嗯嗯啥意思？要我说，三年合伙期刚好期满。要退的人就退，钱不够，折算成木头；不想退，继续做生意、赚黄金。"

"你自已呢？"父亲问张老二。

张老二说："你做，我也做；你不做，我也不做。"

父亲说："我想想。大家都想想。三天后开董事会，大家怎样决定就怎样。"

父亲已经有了两个家。他先去了素芳住的天皇堂弄家，问素芳："打听到你爹娘的情况没有？"

前几天，父亲经过典当行，背后追来的小掌柜，一把拖住他，在马路边上神秘兮兮地问他："你收素芳做了小？"

父亲疑惑地问："什么事？"

小掌柜咬着他耳朵，说："有两个人，好像政府工作的同志，找我打听素芳爹娘的消息，问他们是被哪个打死的。我说哪一个知道？不用手枪就用刀。当汉奸特务，就被地下党打死；他们是地下党，就被特务打死。"

父亲"嗯嗯"不发表意见。

他讨好似的还告诉父亲："我没说素芳是谁，住在哪里。哪天找到素芳把他们带走，你别冤枉是我透的风。最好呢，素芳自己去趟派出所，真的找到地下党，姐弟就成了烈属，你不也沾光！"

父亲于是叮嘱起素芳，先到派出所打听打听。她若真当上地下党烈属，这"护身符"，哪天还可派上用场。然而素芳根本没去提。父亲问她为什么，她不说。追问了半天，她才说，我今天这般身份，能去吗？

父亲尴尬了。素芳轻轻啄了一口父亲的面颊，问起永丰盛木行重新登记了没有。父亲这才放松了，把董事会上的那些话，拣要紧的讲了讲，说："应该怎么办，我还真的想不透。"

素芳端一盆热水，放在父亲旁边看着他洗脸，一边说：

“要是我，合伙期满后，先把投入的本钱抽出来，捞回了本钱。剩下的，就是赚来的钞票，做新一轮合伙期本钱。股东的老本都保住，我们没拆政府的台，大家仍有生意仍有饭碗头，你说啥不好？”

妙！实在是妙！父亲放下毛巾，掏出一叠生活费按在素芳的手里，说：“奖赏你！”

“晚饭我吃点泡饭，给你下一碗面条？”素芳收起钞票仍不数。下面时，还告诉父亲：“素平进县中念书不久，硬是要寄宿，我只好依他。”

捞的咸菜面，煎两只鸡蛋。素芳端到了台上，便去床上摊被子。父亲拦住她，说：“造洋房太忙，今天我不住夜了。下的面，你自己吃吧。我的晚饭回家吃。”

素芳说：“你就快走吧。到时候，能睡早点睡。”

父亲回到家，母亲扔下针线活，同样打一盆水给父亲。她端一碗稀汤粥，一盘子油饼，还有一碟子豆腐乳、半只咸鸭蛋。父亲特别喜欢吃。

母亲坐在他对面絮叨：“前排那一幢平房，我让张得利搭一层高阁，以后那些木头边角、刨花堆，都能塞进去，烧饭时候取下来，一两年，柴火都不要买。高阁上，上海人家都做老虎窗，我喊张得利也做两只。

“天井里，张得利讲不再挖井了，也不要到码头上挑水，小洋房里开一座洋井，有‘貌相’，水还更清爽。我想想，也就依着他。

“我讲小洋房里开扇后门的，或者开一扇侧门，到夏天，天井就有一片风，穿弄堂。你猜张得利说啥？用不着。他讲夏天有‘天风’往天井里灌。你说呢？”

父亲“嗯嗯”着，脑子里则细细地梳理着素芳的主意，一张饼、一碗粥，不知不觉吃饱了肚皮。母亲要帮他添粥。他说吃饱了，涨得鼓鼓的。随便问了句母亲：“一民快要读初中，也想住寄宿？”

母亲收拾着碗筷，说：“你怪了，怎么想起这件事？”端起凹手放在父亲的面前，让他烫烫脚。

父亲烫着焐着两只脚，说大哥在西直街念书，自说自话转进觅渡桥小学，过些天谁能知道他有多少花样经？其实呢，他在联想素平小弟弟。泡完一只热水瓶，他对永丰盛的考虑也胸有成竹。隔天大股东开董事会，父亲发言道：“关掉永丰盛大门，丢下大家饭碗头，不是好办法，政府更加不同意。我认为，利用契约期满、资本调整的好机会，分折掉木材1000两、黄金150两（当时约值人民币5万元。等于银圆）……剩余的木材和黄金，大家仍在永丰盛合伙，按照新契约……”

小洋楼有“花样经”

1950年，常州解放的第二年，永丰盛的生意在日趋发展，普济街的普济桥西侧，母亲盼望的小洋楼更幸福落成！普济桥边送礼的、观赏的，热闹了三天。

小洋楼呈“L”字状。小楼前，一幢大平房：两对天窗突兀，八扇排门原汁，其西侧，浑厚的清水砖围墙，将平房很和谐地过渡到洋楼，自然而然形成了方方正正的天井，更铺上西洋进口的水门汀。那三天，父亲敞开平房的排门、腰门和长窗，任街坊邻居，乃至马路经过的乡下人，都来羡慕人生的幸福、辉煌。母亲告诉我，除了秦师母，他们都会走到天井里，仰着头望着三层清砖扁砌的洋楼，不断发出“啧啧”声；踏着长条麻石的台阶，或者走上台阶，站到长窗门槛上，面对富丽堂皇的大厅，“啧啧”声也就更加响亮了。

大厅摆设的品位，说句实在话，较之父亲当时的品位，十二分般配——

一幅水墨画中堂，牧童倒骑牛背横吹笛，长一丈，宽四尺，配着草书的对联，颇有书香门第的气派，看题跋却是无名之辈的涂鸦。

中堂前的条案，三寸厚，红漆有一点俗气；条案上摆一尊弥勒佛、一尊观世音，福、禄、寿三位神仙，还有一只高大的釉里红净瓶——都是景德镇老窑取来的精品，望望四周围，又有些不伦不类。

条案前，没摆太师椅，而是放了一张八仙桌、四张大板凳，我们围一桌吃饭，你说怪不怪？因为大厅的两侧，豪门似的排着两排茶几和单靠，不过不是红木的，是榉木……

这一次，江西遂川的木排撑到常州，停靠新市河，老表抬来一只大木箱，也是从景德带来的，瓷碗、瓷盘、瓷杯、瓷碟子，描鸟绘花都刻父亲的大名，装得满满的；常州木行的江西老表贺礼送得晚，两张红木八仙桌、四对太师椅，如何摆设父亲已没了主意，便索性堆进了二楼小房间。堆到了“文革”时期，母亲即将下放山沟沟，我才抬起一张红木八仙桌，试试到底多重，重得真的抬不起！我舍不得，便对父亲说把两张都带到乡下去，并成一对还能当小床睡觉。父亲笑着对我说，牛都过河了，你还拉一条牛尾巴？母亲于是去鲁家巷寻到老邻居，求爹爹、拜奶奶，求到天大的面子，这才开后门，趁天黑，用板车拖到秤店里，被收购了。三角钱一斤。那些红木被拆散、锯开，改做成秤杆。

那些事，以后一并讲。我仍先讲小洋楼诞生，亲友、邻居没有哪位探究摆设的门道，只管看热闹。大厅的地面上，按理铺上水门汀（吴方言，英语 cement 的音译，一种水刷石地面），却不算稀奇。稀奇的是蓝底白点子，好些人当时还是第一次见识！脚底抚摸不过瘾，蹲下身，用手摸的当然不少了。“就像玻璃一样光滑”——于是显示父亲了不起。母亲更自豪，还不厌其烦地向师母、师娘们介绍，那些工人全都跪在地上，一寸一寸地用砂皮纸磨的！

那幢平房中间铺砖头走路。东边灶披屋，砌了两座大灶头。浙江的木行老板踩着新砖和鞭炮红屑，抬着半人高的大蒸笼，堆在一座灶头上，“越蒸越发”“越蒸越发”念叨着，还显得，真的不算矮。西边那间当时空关着。父亲雄心勃勃地对母亲讲，他想派用场：想开一爿大木行，或者开米行；洋房底楼的西厢间去当写字间，东厢好当门房间。只不过，到了1951年，平房西边那间已被盐栈租赁去，堆起了盐包。三层小洋楼，除了二楼自己住，一楼也搬进了周师母、裴师母，三楼住进蒋师母、余继春，满满当当没有了空间。

再过一个礼拜就要过年了。大哥已经放寒假。母亲让他照料着姐姐，自己一大早，拆开床上的棉被，抱起被单、被底、大家换下的衣裤，走下转盘楼梯走进了大厅，从樟木的茶几单靠旁边走进了天井，一股脑儿扔进洋井的池子，哐当哐当揿起洋井水。清澈的地下水，便从洋井龙头一股一股喷出来，母亲也就想到从6岁开始，在上海旱桥头就打起洋井水，还要排队，她的心里就甜得如蜜糖。

裴师母是上海人，漂亮、识字、会跳舞。她结婚前，裴先生设法住进了小洋楼；结婚后，母亲自觉自愿地腾出大厅让那些朋友跳过几回舞。这一天，她见母亲揿起洋井水，连忙走出西厢间，又帮母亲一道揿井水，一边说，今天的太阳真好，被你拣到了。然后说，我来揿，你忙别的事情去。

母亲也就讲起上海话，说好的，揿到半池子水就够了。补充说，衣裳浸一浸，再洗还好清爽点。她还要去抢太阳。走上台阶转过身，又问裴师母：“你的团子馅心做好了没有？记好啊，大家腊月廿八做团子，大蒸笼在大灶头上一道蒸。”

蒋师母的娘家不算穷，还是蚕桑学堂毕业。这时候，她在三楼阳台上梳头，顺便晒太阳，看看裴师母揿洋井水。听到母亲“抢太阳”，头就不再多梳了，在走廊上，用丫杈叉下一根大竹竿，又叉下一根，一一架到阳台的栏杆上。母亲抱着被絮走进阳台时，她用抹布已经抹干净竹竿，和母亲一起晾起了被絮。

母亲问起蒋师母：“你家今年做几斤米粉？”

蒋师母说：“我家三个人，做10斤米粉大团子、5斤米粉小团子就够了。你要做多少？”

母亲说：“我要磨50斤米粉。留点元宵搓汤圆、六月里搅点糊粥，其他三四十斤米粉蒸点小团子，剩下的就全蒸大团子。要送去鲁家巷，上海的弟弟妹妹总‘馋杀’，他们来过年，还要带点去上海……”

被絮晾在竹竿上，母亲再用丫杈叉住竹竿顶往栏杆的高层。一阵风刮过，被絮上粘的一张鞋样纸，打个旋，袅袅飞出了阳台，飘进秦师母家的院子。

不一会，秦师母恶毒地诅骂，高射机枪似的已打上来：“搭了个望乡台，清明节不到，哪个就飘起了白钱？”

骂小洋楼是“望乡台”，秦师母已不是第一次。楼房没造好，母亲在忍耐；楼房造好后，得知秦先生已过世十几年，秦师母只身、拖着一男一女过日子，母亲生出恻隐心，仍继续忍让。可如今，年三夜四的，骂的“望乡台”还脱了襻，再无法克制！母亲正要探出头“报仇”，余继春也走进了阳台。二十四五岁的小伙子，西装革履红领带，大包头铮亮，甜甜一声“师母娘”，喊得母亲只好换上笑面孔：“你打扮得这么样漂亮，准备去相亲？”

余继春说：“我回乡下老家去。父亲身体不太好，去看看，过了年再回来。两位师母娘，请受晚生拜一个早年。”弯腰鞠躬还真行了个大礼。

母亲笑骂道：“你这个讨债鬼！回去后，代我们向你的娘老子拜年。”

蒋师母骂他“小滑头”：“到明年，你不请我们喝喜酒，试试看！”

余继春抱拳作揖“一定”“一定”着，回转头，只见两个警察站在了面前：一人握手枪，一人拎手铐，更是堵住三楼的走廊。“痴胆大”的母亲又痴胆大起来，她跨到余继春前面，居然问同志：“你们找谁啊？”

拎手铐的把母亲往身背后一拖，握手枪的便把枪口对准余继春，喝“别动”：“你叫余继春？”余继春点点头，一只手腕已经被铐住，另外一只也被铐住了。

余继春被铐走了，两位面善些的又走进三楼。母亲竟问：“你们为啥要抓人？”面善些的警察告诉她：“他是特务！是反革命！”

母亲朝蒋师母摇摇头：“特务？不像，一点也不像。”

蒋师母也啧啧嘴：“一点也不像。”

警察不再理她们，径直走进余继春的厢房间，关起了房门。

毕竟正在腊月里，阳台上是大太阳，天井上也照进一小片，站在背阴处，身上依然瑟瑟的寒气。蒋师母跟着母亲一起下了楼梯。母亲开始洗衣裳，蒋师母就站在大厅里，踩着蓝底白点的水门汀，把警察用枪对准余继春，给他铐上了手铐，绘声绘色讲给了裴师母和周师母们听。

洋井水冬暖夏凉，母亲手泡水里一点也不觉得冷，洗得搓着脱了小棉袄，那倒是真的。不能参与师母们讲“山海经”，她憋得比啥都难受，也就跑过去过一把瘾，再回水池旁边搓搓板。

这时，上班的父亲忽然间回来。两个脚夫跟后头，抬着一顶大衣橱，又抬进一张写字台。母亲疑惑地问道：“你又买了套家具？”

父亲说：“江西老表送来的。我们二楼东厢房里还空着，放进去正好。”

母亲放下了搓板，忙上二楼东厢腾房间。西厢的大房间，大床的床栏、大橱的橱面全用樟木暗红漆，不是浮雕就镂雕，肯定是民国初年笨重的家具，不稀奇！搬进东厢的写字台、大橱：浅黄色，西式的，素雅且清爽。母亲看到脚夫们离开，就对大哥说：“我们摆到东边房间里，不再用，等你长大讨老婆。”

大哥红了脸，拖着姐姐又去西房间看书。母亲放低了声音告诉父亲余继春被抓走了，说是反革命，警察还上三楼抄了家。“一起去看看？”

父亲“嗯嗯”的，随手跟她走进了三楼。警察已走，西厢房门露出一条缝，母亲便推开，但见纸片翻得到处是。忽然想起了什么，连忙问父亲：“余继春的东西啥时能搬光？没人搬，我们问谁收房钱？”楼梯已经响起来，探头一看还是蒋师母，身后跟着裴师母，一人手里拎一只铅桶，桶里的衣裳也都绞成了大麻花。

母亲"喔唷唷"叫着，连忙在三层楼的门口迎上去，"谢谢，谢谢"地忙说："你看我这猪脑子，把洗衣裳都忘记了。"

蒋师母和裴师母仍帮着母亲上阳台，晾起了衣裳。接着一起跨下了楼梯，又一起走到灶披屋去烧午饭。常州已烧煤球炉。母亲咬咬牙，贴紧灶披屋西沿，一座灶头的东边，已经划出三四尺宽一条路，让亲眷一般的三位师母们，都能并排并，架在煤球炉上烧饭炒小菜。母亲烧饭也用起煤球。她的炉子放在另外一座大灶头旁边。师母们开煤炉烧饭，仍讲余继春和那些没有讲完的故事。

永丰盛在1947年"中兴"，行里供应的午饭，倒一直免费；日子再往后，父亲的晚饭也就难得回家去吃了。仍说余继春被逮捕的那天，母亲吃过午饭洗刷完锅碗，便催促姐姐，自己爬上转盘楼，爬到二层楼的房间去。姐姐很听话。母亲跟着走进西厢间，又喊她登小马桶，睡午觉。这时候，吃过午饭的父亲又来到房间。母亲说："大忙人，你的太阳怎么从西边出起了，还有闲功夫陪女儿说话？"

父亲拉着姐姐走进东厢间，问姐姐："新房子里的新家具，漂亮吗？"

母亲下意识地跟过去，说："样子蛮清爽，只是杉木的，总归不如樟木好。"

父亲"嗯嗯"着，过了一会又很心疼地说母亲："你从7岁起，开始服侍父母和弟妹；结婚后，你烧饭洗衣带小孩，料理这么多房子，你还要服侍我，伺候到哪天，我也不知道。你想想，找个人来替你服侍，你的日子不就过得惬意点？"

母亲听到父亲讲的体贴话，这一般温暖，也就自觉发出警惕性。不出所料，父亲还真露出狐狸尾巴。母亲冷冷地一笑，悄声说：“蛮好啊。你哪天请她来，我二话不说就会让她的。”

父亲也轻声：“你是大，她是小，我请她来服侍你，你又凭啥去让位？”

母亲从父亲的手里拉开了姐姐，拍拍她的小屁股：“到你哥哥的房间去。”等姐姐走后，母亲一根指头点点父亲额骨头，压住嗓子说：“全都讲‘穷不失志富不癫狂’，我看你，太癫狂！你在北门养个小老婆，以为我真不知道？我告诉你，你在德泰恒办四桌酒，请了哪几位，我还能够一个一个报名字！怕坍台，我才给你点面子！你得寸进尺还想爬到我头上？老小小头子，爬到头发梢上要跌死的！”转过身，去了西厢间，骂姐姐：“午觉还不睡？”

父亲抽了支香烟，面孔不红了，便去西厢间对母亲说：“我去上班了。”

母亲没搭理，站在窗口望着父亲走进了天井，又大声问：“回来吃晚饭吗？”

父亲配合着大声回答：“别等我。你们先吃吧。”

做鱼圆，过大年

母亲那天的心口，沉重得就像堵着一块大石头，喘不过气来。只不过，走进大厅遇到师母们，她讲白相、说闲话，仍说说笑笑。1951年2月1日，庚寅虎年的腊月廿五，她跟师母们在灶披间，照样糟扣肉、炸爆鱼、斩肉圆、摊蛋饺，做起过年菜。隔天还要揉米粉，我帮你、你帮我，先做大团子，再做小团子；大灶头，风风火火蒸着大蒸笼，更欢天喜地。

小年夜，母亲还要烧钵如意菜：黄豆芽、油豆腐、百叶丝，里面夹点香菇、木耳、金针菜。正月里，我们吃早饭，母亲会给馒头和团子，舀稀粥，或者泡饭汤；小菜咸菜萝卜干已煞风景，她在钵头里，当然搛碗如意菜，倒碟油氽花生米，过年也就更加有味道。

虎年转兔年，依然是1951年。望五星红旗，当中有“民族资本家”那一颗，迎风齐飘扬，再加上黄金喜大先生的教诲“做生意、看局势”，父亲说他有了深刻的理解：民族资本家，就是我们的私营企业，理应支持国民生产的恢复、发展。

父亲还说，将黄金喜讲的“心不能太黑”的箴言也列入座右铭。

父亲更做起“两手打算”——

在1949年，永丰盛契约恰期满，父亲便趁机将木材1000两、黄金150两（约值银圆5万元）一一分折给股东。父亲分到木码110两、黄金16两（约值银圆6000元）。剩余的木材和黄金，仍属于股东的股本，签订新的契约先摸摸行情。

这一手，我附带讲一下程祥生：他将永丰盛的股本打折卖给黄傅成，将义泰的股份打折卖给父亲，一家竟迁到香港。老宅他没有卖，叶落时好归根。我在大前年发现程家的祖屋已重修，挂上了文物单位的牌子，也被租赁了。

父亲的另一手，依然联合黄傅成他们，将木材1000两、黄金150两，合股经营起"临商"——纳税要比"座商"便宜许多。永丰盛"座商"，新造14间房子做"临商"。生意忙到1952年，永丰盛木行赚起的钞票，我到时候再宣传。

仍讲兔年。永丰盛的生意好，辛苦且紧张，父亲找个夜不归宿的借口，当然更简单。这次讲，要陪江西老表住旅馆；那次说，到义泰木行去结总账，恐怕要忙到半夜，就不回家睡了。有一次他骗母亲说，惠丰米厂吃聚餐，搓了一夜的麻将。然后掀开耷拉的眼皮，凑到她面前："你帮我看看，充没充血丝？"母亲呢，即使闻一鼻子脂粉气，也懒得戳穿他的西洋镜。

常州绝迹或者濒临绝种的"江三鲜"，1951年时一点不稀奇。立春后，清明前，约莫20天，常州人再穷，两三角也可以尝时鲜。鲥鱼不算小，卖鱼佬会斩几段再卖。母亲总说鲥鱼肥，不爱吃，把我的福气也取消了。河豚毒性大，拼死吃河豚的也不少，母亲又讲"犯不着"。河豚变种没毒了，吃过两次我再不爱吃。母亲的"三鲜"宠爱集于刀鱼一身。到了1990年，食客赶到常州江边去享受，对刀鱼"肉鲜嫩，入口化"的夸赞声仍不绝；密密嵌满的细鱼刺，当年曾卡住外公的喉咙，外公索性连鱼带碗扔进垃圾箱，外婆想吃刀鱼也不敢买了。母亲在这天买了七八条刀鱼，都是两三两一条，装在两只瓷盆里，盖点酒酿清蒸好，便拎了一盆去送给外婆。走到鲁家巷巷口，恰好碰到黄傅成的大老婆。半年多没见，大老婆苍老许多。她将母亲拖到路边上，很紧张地说："你还定心啊？老桂已经娶了小老婆！"

母亲故作惊讶状："不会吧？烂眼瘌疤一个人，谁要他！"

大老婆说："那一个骚狐狸，姓胡叫素芳，一直住天皇堂弄。前两天，我在南大街上碰见她，妖得我都不大敢相信：头发已烫成老鸦窝，两个大奶子爆破花旗袍。她挽着老桂的手臂，更神气活现！我故意碰到老桂跟他打招呼，不睬骚狐狸。她站在我旁边，大气也不敢出一声。"

大老婆作孽。天下小老婆都成了她的敌人！

母亲感激她帮自己报仇，但又舍不得狠狠拉破父亲的面子。母亲只能说："谢谢你，回家我找他算账！"指指菜篮她又说："买了两条大刀鱼，我趁热送给姆妈去。"

大老婆追着她往前面走："老桂敢耍赖，我帮你拆穿！解放了，这些骚狐狸，我不相信还敢爬到我头上！"走到外婆家门口，她才回过身，慢慢地往自家走。

刀鱼端给了外婆，母亲匆匆忙忙地回小洋房去烧饭了。大老婆的那些话，她哑巴吞黄连，还得默默地自我消化。母亲80高龄时，告诉过我她在当时的心境："我苦了这么多年，好容易苦出个头来，也算个台面人物了，可舒心的日子没几年，他却作起怪，'天作有雨，人作有祸'了起来！我撕破脸面跟他作，一家人家不作光，多少也会作点他的祸！”

母亲还讲：“我也想过的，他真要带小老婆进门，我会拔脚去上海，让秀妹介绍我进烟厂当工人。那倒‘挑’我交了运，当上工人阶级有退休工资，看病还有劳保，不再剥削一世了。”母亲浑浊的眼球里，真的闪烁着点点星火。

母亲的忍受、父亲的“退一步”，悄无声息地让住进小洋楼里师母们更像姐妹一样地要好。眼一眨，1952年的日历挂到墙头上；转个身，兔年也只剩下最后几天。师母们又聚集灶披间，糟扣肉、炸爆鱼，叮叮咚咚斩肉圆。这一次，母亲还发通知说，廿七的下午济民来帮大家做鱼圆！

济民就是永丰盛的烧饭老师傅。木行里他烧好了午饭，自己随便吃两口，三步两步地就赶进小洋楼，在灶披间里捞出母亲养的大灰鲢，便很娴熟地剖鱼、批皮、去毛刺。母亲给他泡了一壶乌龙茶，一边学习一边寻三句空话，先问：“行里现在有多少人吃饭了？”

济民说：“有25个职员、13个学生意佬，对了，现在已经称学徒。再加上你们那几位先生，我们永丰盛已40个人出头了。”

母亲说：“我记得，解放时才三桌人。现在烧菜就要多忙点。”

济民的砧板上，已经有节奏地斩起了鱼蓉。他讲的话，却是有点乱。母亲听懂点意思，大概是，好些老板总是讲，幸亏常州戴眼镜的李同志，时不时地讲形势、讲政策，木行的生意也就一年好一年。前几天，蛮好的李同志被抓走了。为啥？黄傅成说李同志贪污，还受贿……

蒋师母凑近了济民，垂着油腻腻的两只手，好奇地问：“他贪污多少钞票？”

济民把鱼蓉铲进一只脸盆里，加上葱花、料酒还有盐，抓上四五根筷子，哒哒哒地一边打、一边说，贪污多少没人讲。他讲李同志已28岁，好不容易找到了对象，八月十五要结婚，木业公会的李金霖会长，八月初也召集木行的老板开会，说李同志帮了木业的大忙，瞎子吃馄饨，大家肚里有数目。开会时，黄傅成也说，李同志讲“要和大家携手奋斗、荣辱与共”。他娶媳妇，我们按理也要贺一贺！

说话间，济民已将鱼蓉打浓了，便喊母亲舀半锅冷水，自己拿一把调羹，挖一调羹鱼蓉倒进了锅子。鱼蓉懒懒地漂浮在水面上。济民观察着，没问题，于是一调羹一调羹地将鱼蓉倒进大铁锅。

母亲望着鱼蓉催促济民说：“你讲啊，后来呢？”

济民说，后来那些事，是老桂喊我下碗大肉面，站在灶头旁边讲给我听的。他讲些啥，我听得也不清楚。

蒋师母说，你讲多少是多少，我们都想听。

济民只好说，讲对讲错你们只当耳边风。老桂好像讲，你们民族资本家，也是大老板，要给李同志去贺喜，你说算不算害共产党？老桂还讲，愿送贺礼的老板，包一个红包写上自己的名字，请人收齐了，悄悄地，送到他家去，更加不能让外人知道！

老桂讲的话，大家都说有道理。李金霖趁夜，把老板们聚合的贺礼，也就悄悄送给了李同志。李同志真的不肯收。李金霖也真急了，说了一些啥，才让他收下。“三反”运动一开始，他还真的被告密，变成受贿罪。要我讲，廿几位木行老板送给了他七八百元钱贺礼，人情世故啊。……

一脸盆的鱼蓉，被一颗一颗挖进大锅子。济民对母亲说：“我瞎讲，讲痴了。你赶紧烧锅。”

小洋房的灶披屋的烟囱管，冒出了难得的炊烟。不多一会儿，锅里翻滚的鱼蓉，全都变成了洁白的鱼圆。济民用勺子撇干净浮沫，连汤带水加鱼圆，全都舀进面盆里。他解下围腰又对母亲说，你放阴凉处，初十没吃完，面盆要换凉开水。

师母们看做鱼圆，其他事都没做；廿八全都做起大团子、小团子，围着大灶头、大蒸笼，全都念叨着“越蒸越发”……一切的一切，她们都为过大年。

年三十，小舅在北京保家卫国，雷达已派上大用场；小姨已报名抗美援朝，只因出了刘青山、张子善的通天大案子，部队全面“打老虎”，审计人员要比飞机大炮还抢手，别说“跨过鸭绿江”，她在上海又调到南京。她曾给我“讲一句真话”：那时候，我们一心扑在工作上，真的不存一点私心和杂念。离常州那么近，逢年过节我也顾不得探望。

只不过，常州鲁家巷的居委会的主任们，在外婆家的大门上，已经贴上金红的“光荣人家”。

在年三十，二舅二舅妈和大姨倒是像候鸟，前前后后飞进鲁家巷。年初一，外婆一家能聚的全都聚在父亲的小洋楼，大快朵颐母亲年前准备的大鱼和大肉；年初二，祭财神，也是外公生日，一家当然聚在“光荣人家”，吃起外公的长寿面。候鸟拍拍翅膀又各奔东西。

从鲁家巷的外婆家到常州火车站，须经普济街的小洋楼。大姨拎起母亲送给她的四个大团子，突然拐回小洋楼，对她说：“我的机关里有两位南下干部，也让他们尝尝大团子。”

“四人帮”被打倒后，大姨才告诉我一个小秘密——她从烟厂调到街道机关时，还与姚文元的老婆坐在一个办公室！

母亲赶进灶披间，拿出四个大团子，就像原来捆的那四只一样：先用报纸包，然后细绳横一道、竖一道地像捆贼一样捆紧。大姨呢？不在大门外，也不在大厅，母亲快步轻声赶到二楼，大姨轻声轻气的，还真的与父亲讲得起劲。

竟然讲“三反”！父亲在说，有点想不通。他们在常州，活跃城乡交流，恢复、发展工商业，共产党与民族资本家携手奋斗，更荣辱与共。这些话，报纸上登过，干部经常讲。现在“三反”了，怎么又说李同志讲的那些话，是被资本家们收买的？是跟资本家穿一条裤脚管？

父亲还问大姨：“民族资本家在共产党眼里，到底是好人还是坏人？”

大姨听到母亲的声音，便转过话锋，避实就虚地回答父亲：“不管民族资本家，还是工人、农民和干部，听党话、跟党走，就都是好人；反对共产党，想回到旧社会去，肯定是坏人。”看了看手表，她起身说：“火车要脱班了！”

父亲送大姨到大门口，母亲拎着两包大团子，也递给大姨。大姨掂了掂，退给了母亲一包：“我没有福气。太重了，实在拎不动。”

大姨临走时，悄悄地对父亲说：“这一次‘风头’，我估计，谁都躲不过。你千万千万要认清形势。”这句话，三个月以后，母亲才算真正明白其中的含义——

大姨让父亲认清的“形势”，那就是，“五反”运动已完成酝酿，他必须接受暴风骤雨的洗礼！

按照组织的原则，这个消息尚且不允许外泄，她大概听到父亲在为李同志打抱不平，还联想到组织传达的文件：“三反”运动暴露出大量政府工作人员的贪污和受贿，与不法资本家行贿、偷税漏税、盗骗国家财产、偷工减料、盗窃国家经济情报的“五毒”行为密切相联；要彻底铲除“三害”，就必须反掉“五毒”——大姨体味着共产党的英明和伟大，她也为父亲面临的处境而担忧。要知道，父亲与外公外婆、母亲与大姨小姨……他们之间的关爱，甚至是母爱，始终是无法根本区分开的！

正月初十大哥开学了。母亲让姐姐在天井玩，她自己正想换盆鱼圆水，邮差喊了她大名，34岁时，她才收到第一封信。恨的还是不识字，连忙拖住邮差说，这封信从哪儿寄来的？邮差瞟了眼，说上海南阳路。母亲谢过了邮差，嘀咕着初二刚回去，还有什么卖娘卖老子的话。上楼取出针线匾，用剪刀，将封口齐齐地剪开，信瓤却是一份报纸。母亲抖了抖，一张字条都没夹。

神经病，花8分钱寄一张报纸来！母亲嘀咕归嘀咕，把报纸叠齐整，小心翼翼塞进了信封。父亲回到家，抽出来一看，脸上顿时变了色。

仍是一张《解放日报》。全文刊登了中共中央《关于在城市中限期展开大规模的坚决彻底的“五反”斗争的指示》，要求全国人民在共产党的领导下，向违法资本家开展一场大规模的“五反”运动。

飞流直下三千尺

一夜变成“大老虎”

那一张《解放日报》，父亲在小洋楼里读过了三遍，躺到大床上，翻来覆去琢磨着。迷迷糊糊的，又睡不着，突然间变成大老虎，竟然被关进了大铁笼！围着铁笼的那帮人，看不清是谁，好像商量如何剥光老虎皮。父亲很想逃出永丰盛，他用虎爪扒、虎牙咬，拼命扑铁笼……结果吓醒了，一身的冷汗。他睁着眼睛等天亮。天亮了，吃过了早饭，他毅然决然地对母亲说：“我到上海去一趟。”

我在妈妈的肚皮里，已经生活3个月，也仿佛看到父亲正月十六出的门，正月二十的傍晚，他才两腿拖沓回到家里。母亲问他看到大姨没。父亲嗯了嗯。母亲问他是否去了海防路。父亲坐进了大床，后腰靠床背，“嗯嗯”还闭住眼睛。母亲看得出他累坏了，便说你先睡，烧好了饭喊你。父亲呼噜呼噜睡得像死猪。母亲便拉开红色羊毛毯，轻轻地盖在父亲的身上。

父亲其实没到上海去，而是“躲”进天皇堂弄与素芳“过年”——素平省常中已读高一，住宿舍。正月十六还是礼拜一。只不过，父亲也没赶着与素芳会面，而是踏着西仓街雪花，走进惠丰米厂给老板拜会。老板翘起大拇指，又讲起上年新稻上市，他大劝股东垫股金、籴米粮，之后米价就开始蹿跳……

父亲满脸却露出愁色，说："义泰的资金无法转动了。我剜肉补疮，只好退出惠丰米厂的股金，咳，还怕填不满窟窿……"

父亲倾注木行伟大的事业："临商"配"座商"，扩展永丰盛；叮嘱义泰木行的张志远，关掉棺材店，保留锯板厂，有多少汤水下多少面，暂时不发展。此时父亲又为义泰"愁"些啥？

惠丰老板也非等闲人，盯着父亲一会儿，才开口："你鼓励惠丰、发展米市、响应政府的号召，现在突然退股，我到哪里去筹款？"

父亲放低身段，口吻像央求："退一半行不？算我借，头寸一好转，马上就从银行划给你！"他担心惠丰被"五反"打倒，先收一元钱等于捡两个五毛？我绝对猜不准。窗外飘起鹅毛雪，惠丰老板喊一声"喔唷"，忙请父亲坐一会，说要到仓库里去看一看。他转了一大圈，屋顶的雪花厚起来，再回写字间，发现父亲依然端坐着，犹豫了一会，估计雪后的米价将继续上涨，于是咬咬牙，把父亲领到账房间，退给了他三分之一的股金，折合银圆1500元。

父亲千恩万谢仿佛领到皇帝的赏钱。他顶着雪，深一脚、浅一脚地走进了天皇堂弄。昨日礼拜天，素平回家过元宵，素芳给他搓元宵，中饭红烧鱼，特意炒了猪心和猪肝。她对弟弟说："你一直有书念，我觉得，你能做大事。你一直喜欢吃猪心、猪肝，长大了，待人肯定也会有良心、有肝胆。"——素平明白姐姐讲话的意思，头不点，也不摇，他与父亲的接触，倒确实争执不断减少。

正月十六礼拜一，素芳又剩下了一个人。她懒懒地凝望着雪花，简单烧下豆腐汤，把剩下的炒猪肝热热，正要吃午饭。“显灵一样”她还真的看到了父亲，便把饭碗丢下拿出一条新毛巾，就只管扑起父亲满身的雪花。温一杯陈酒，捧一堆花生，又喊父亲先暖暖身子，还告诉父亲：“昨天做了一个梦，说你今天会来的。灵犀一点通，你说是不是？”

父亲望着她，慢慢喝着温酒，剥着花生米。素芳热些菜，一碗一碗端上台，陪着父亲也喝起陈酒。父亲不会喝，脸很快飞红，素芳能喝脸不红。一瓶陈酒喝完了，一人一口饭，菜变凉，也不再热了。素芳便给父亲泡热茶。父亲捧着杯，仍望着素芳：洗锅碗，洗脸、洗手，涂上百雀羚；像以往一样，锁起房门拉起了窗帘，走到床前展开大花被。

父亲咬了咬下唇，准备摊牌了。

素芳脱下花棉袄，回眸妩媚地一笑：“今天晚上回去吗？”

父亲的魂魄，被高隆的双峰绕缭着，竟说“一直不走了”。

素芳钻进被窝里，说：“今天晚上我们好好吃顿团圆饭。”

父亲也钻进被窝，搂着她，用手传递着百般温柔；正月初十开始积蓄的勇气，很快也就宣泄一大半。

父亲醒来天已经昏暗。穿衣裤，铺被头，打开了电灯，早就起来的素芳，把团圆饭也端到了台上。全是小年夜里准备的，都没有动过。这次都喝葡萄酒。海棠沾春雨，素芳更妖娆，还娇滴滴地唱了“好花不常开”——

> 好花不常开，好景不常在。愁堆解笑眉，泪洒相思带。今宵离别后，何日君再来？喝完了这杯，请进点小菜，人生能得几回醉，不欢更何待。

她也学着念起了独白：“喝完这杯再说吧！”她凄楚一笑，抓起面前的酒杯，碰碰父亲的酒杯，头一仰，还真一口喝干。她再唱“今宵离别后，何日君再来”，就带上了哭腔。

父亲像被猫爪子挠心，鼻梁根一酸，居然滚下两颗泪珠子。

素芳第二天起床，就像年初一，下了一碗绿豆粉丝汤，裹着两只水孵蛋、四只小肉团，端到父亲的台上。吃过早饭他抽起香烟，素芳沏了两杯茶，先端给父亲，自己捧一杯，坐到父亲的对面，微笑地说：“你有啥话讲，可以讲了。”

父亲愕然，一时不知说啥了。

素芳直视着父亲：“你说吧。你说完，我也有话讲。”

父亲垂下眼帘咬了咬下唇：“新出台的《婚姻法》（1950年）已规定，一夫多妻不合法。我害了你。你已25岁，嫁一个好人，还来得及。”

素芳微笑着说：“离婚手续今天就去办？”

父亲长叹一口气：“讲句良心话，我舍不得离开。‘三反’跟我也没啥关系。现在‘五反’了，要查资本家违法，北京、天津、上海已开始，常州也快了。‘三反’时，李同志已吃官司；常州要‘五反’，我虽然是民族资本家，违法不违法，你说哪个讲得清？！”

“我知道了，”素芳打断他的话，“素平念着省常中，他还要考大学、考研究生。你离了婚，也就不想负担到底了？”

父亲连忙摸出惠丰米厂取来的支票，1500元银圆，放在素芳的手里，说：“你稍微节省一点用。‘五反’的风头过去，我肯定还会来望你。”停顿了一会，又说：“离了婚，你把父母牺牲的经过，还要去反映反映。”

素芳说：“派出所已找过我说，父母很可能是地下党，也可能不是。他问我，×××与父母的联系知道不知道？还拿照片给我看。估计在调查。我摇摇头，说当时我念书，看大人的面孔很模糊，已记不清。我讲的真话。街道主任说我有文化，已喊我在居委会，当起副主任来了……”

父亲对素芳的生活大概放了心。他看一眼手表，九点半，又咬咬下唇，说：“我们到民政局去一趟？”

素芳收下支票锁进小抽屉，很平静地说：“天皇堂弄的房间钥匙，还是归你管。等到‘五反’定心了，你不想离，我也会离的。”

父亲一激动，相互拥抱又醉生梦死……到正月二十，他俩竟度过了五天五夜。

父亲做的“老虎梦”，二月里真的应验了。“五反”工作队开进私营永丰盛，便动员职工检举、揭发父亲和黄傅成；工作队开始勒令资本家坦白从宽。父亲在一个月以后，就被打成了“大老虎”。“三反”时，政府官员贪污1000元的被称为“老虎”，贪污1万元以上的被称为“大老虎”！“五反”时的

“不法资本家”，也被列为“老虎”“大老虎”，其偷税、漏税等金额，参照同一个标准。

“五反”工作队被誉为打虎队。打虎的王队长没将父亲关进铁笼子，仅让父亲带着铺盖住进永丰盛阁楼。永丰盛有三座阁楼，另一座黄傅成已被关进去。政府后来改造永丰盛，再后来又列入“一般保护单位”，三座阁楼全都包括在中间。到了2016年，我目睹一位外地小伙子仍租用三座破阁楼，早退休的那一位老姐则是三座阁楼的二房东。

话说得远了。父亲被关的阁楼里，采光很不错，加上搬上阁楼的小方桌，写交代书也非常静心。撒尿拉屎喊一声，永丰盛的“五反”积极分子杨炳兴会架起梯子让父亲或者黄傅成爬下阁楼。家属来送饭，杨炳兴又会替他们送上阁楼。永丰盛关门，打虎队员就得轮流值守了。

3月11日，政务院批准公布了北京市人民政府的《在“五反”运动中关于工商户分类处理的标准和方法》。参照其标准，常州很快就将私营工商户分为守法户、基本守法户、半守法半违法户、严重违法户和完全违法户五类。首都树起了标杆，常州自然开足马力，很快木业就召开了颇具声势的斗争会。大木行有十几家，李金霖、黄傅成等不法资本家，统统拉进文庙戏台上——文庙后来改为工人文化宫。出人意料的，是在斗争会结束后打虎的王队长当场就放黄傅成回家，前前后后只关了他一个多月。母亲高度评价大老婆：那时候也只有大老婆肯做舍身救夫的壮举。

“三反”查出的李同志的受贿案，“五反”一开始，王队长便作为突破口，而且理所当然瞄准黄傅成打了第一枪。话没讲三句，黄傅成经理拍桌子、摔板凳，更耍出小开的脾气，说：“李同志结婚，我送50元礼算行贿，你结婚，有人送礼给你5元钱，算不算行贿？比50元少的算不了行贿，我江西老家10个鸡蛋一份礼，你跟他们比，算不算受贿？”

王队长差一点气昏，他喊杨炳兴到黄傅成家去一趟，关照家属把铺盖送来；黄傅成暂时不准回家住，晚饭也送来。

小老婆默默地给黄傅成去送铺盖、送晚饭。大老婆察觉到，悄悄地跟在她身后，一跨进门槛，喊着“冤枉”竟然直扑王队长！有人拦住她，她摸出剪刀喊：“啥叫血溅三尺练、六月下大雪？今天我让你们看一看！”对着喉咙还真戳进去。杨炳兴一把夺下了剪刀。她趁机躺在地板上，开始驴打滚。工作队员费大劲才将肥猪似的大老婆抬着送进了房间。到后来，她的腰板子在小老婆面前倒是挺直了好几年。

那次木业斗争会结束，王队长即通知黄傅成：以后可以回家了。这与大老婆还真的没半点关系。父亲没被拉进文庙挨斗争，王队长倒是故意的——黄傅成，是小开，吃饭不问事；永丰盛“五毒”，若要挖出来，老桂就是“总根子”！

永丰盛的阁楼里，由此只剩下了父亲。他躺在地板上，脚边小桌台，烟蒂已塞满烟缸，飞马还剩两只空壳子。他的一叠坦白书，按照王队长意思，也修改了三遍。他写的行贿，除了李同志结婚送厚礼，请客大饭店、送酒送香烟等，他也交代了。“盗窃国家经济情报”的罪行，父亲写永丰盛分拆资金，哪位股东分拆多少金银，这一次，加附一张表。他逃税偷税的行径，如以削价直销为名，抢做木行的生意；以“坐商”为名，注“临商”纳税……

阁楼下，杨炳兴快乐地喊起了姐姐："小老虎，你又跑来啦！"

父亲尚未列入"大老虎"。姐姐6虚岁，永丰盛的职员和学徒，看到姐姐已经喊她"小老虎"。父亲听到姐姐送早饭，忙起身走往阁楼口，只见姐姐已经顺着梯子往上爬。杨炳兴站在她身边，双臂大张着，一遍一遍喊着"当点心"。姐姐爬到阁楼口，扭个头，居然命令杨炳兴："把篮递给我！"杨炳兴也乖乖提着篮，爬到她身后，等她踏进了阁楼，才把篮子递给姐姐。

父亲取出篮里的油条和豆浆，还有两包飞马烟，坐在桌边吃起了早饭。姐姐脱掉鞋，在父亲的铺上翻起了跟斗。姐姐头发花白后，还常以此而骄傲，说父亲被关在阁楼里，只有她能把饭菜什么直接送进去。我始终不问姐姐为什么——母亲曾讲过，童年的姐姐可爱得就像洋娃娃，别说杨炳兴，王队长都喜欢抱抱她。杨炳兴在长沟弄拍的洋娃娃的大照片，描红的，姐姐至今保留。

斗争会后第二天，王队长也爬进了阁楼。他把黄傅成已回家的消息亲自告诉了父亲。

父亲把誊清的坦白交代书双手递给王队长，表达坦白从宽的心愿。

王队长不看一眼便将坦白书扔桌子上，说："黄傅成的问题全部交代了。你是实际当家人，遗漏更没有理由。你想想，还有什么可补充，千万不要再抱任何幻想。坦白从宽你是知道的，另一句，我提醒你抗拒从严。"说完离开了阁楼，爬下了梯子。

父亲躺在地铺上，把永丰盛在解放后的生意经，翻来覆去梳理到半夜，便拉亮电灯，一五一十地把他与黄傅成他们合股的5万元银圆，在西仓街边购置的14间房子，“临商”永丰盛木材，以及两年后，自己的6000元股金翻一番，赚到7000元等，添进了交代书。他已想“穿”了，只要放他回到家，他在永丰盛的股本、股金等，签字画押保证全交给政府，断了自己的发财梦！家里还有点积蓄，义泰、惠丰还有点股本，以后的日子安安稳稳还能过下去。

半个月以后，常州对永丰盛的处理决定，由王队长正式宣布：判定永丰盛为严重犯法户，退赃3.6万元，罚金7.2万元。批准其停业。永丰盛的退补款，当然由股东自己掏股金。不幸之大幸，永丰盛的行贿、偷税漏税、偷工减料和盗窃国家经济情报，只犯了“四毒”，假如增加“盗骗国家财产”毒，五毒俱全，父亲也就会跟李金霖、俞慢如一样，退赃罚金坐监牢。

李金霖的小洋房，距离父亲小洋房半里路，后来被列为“一般文物”；俞慢如的大宅院，距离黄傅成家大宅院里把路，也被列为“一般文物”。俞慢如家四重五大间，老大划出一大间做木行生意，“五反”时，与李金霖一起吃官司；老二、老三也做木行生意，只受到退赃、罚金等处理。

木行直下三千尺

“文革”初期父亲写《自我检查》，把“五反”时，“四毒”认罪写得更加深刻：

——正值抗美援朝，老百姓都在捐飞机大炮。我不知知恩图报，反而认为“五反”运动也是为钞票……

——永丰盛被判总缴退补10.9万元；我个人还须上缴企业1.7万元……

——承蒙政府宽大处理，批准永丰盛停业，将企业资本15万元和全部职工转业到上海华兴昌；退补尚欠3万多元，一直到公私合营时，才从私股中扣清……

我曾经分析：百年兴旺的常州木行全停业，永丰盛首当其冲，并非“五反”运动、“严重违法户”导致，也非“流动资金基本无几，企业处于离歇状态”的原因。常州木业“再无昔日风光”，是政府下了令，建材一律由国家管控，不准私营工商。于是木行分崩离析了。

私营企业的职工失业，政府没有推卸责任，将永丰盛还剩下的股金，一部分划归常州制砖厂（后常州耐火材料厂）、义泰锯板厂（绝缘材料厂），让黄傅成等去就业；一部分居然投入上海一家私营的华兴昌！

1952年8月，父亲赶到上海天潼路的桃源坊，顺着小弄堂走到深处，总算寻到华兴昌，顿时间，从头竟然冷到脚底心：鼎鼎有名的常州永丰盛，以身相许上海人，竟是一爿濒临倒闭的小作坊！石库门里面，成品半成品的钢丝综乱堆在天井间，厢房、楼梯间的破机器咔嚓咔嚓更像没力气。

上海华兴昌的中年人，握紧父亲双手喊“厂长”，并自我介绍姓盛名树直，武进人，是公方的代表。他信心百倍地对父亲说，纺织业是新中国重点扶持的行业。要纺纱织布，钢丝综在上海能更大发展！

长久弥漫灰雾的心际，仿佛射进一抹温暖的阳光。父亲在《自我检查》中承认：“对党的政策，我已经疑虑重重。”

末代永丰盛有七八个老板，唯有江家麟在上海有家，才与父亲一起转业华兴昌。在河南北路120弄25号（天潼路桃源坊的华新昌对面），他们合租二层楼上一间10平米的小房间。一张写字台、一张五斗橱、一副床架和一张圆凳，都是永丰盛的，已经不再派用场，父亲请人带到上海摆进小房间，重新派用场。

实事求是讲，父亲做木行生意挺精明；做实业，到上海也不失为人才——政府“派”他到濒临倒闭的小作坊，替几十名工人保住饭碗头。父亲抱着“不求有功，但求无过”的态度去“消极经营”，眨眨眼，也能很快缓和小作坊，让工人的日子比以前舒坦了许多。

7月16日，父亲仍被关在永丰盛的阁楼里。我已舒腰伸着腿，急得奔向大世界，折腾得母亲差不多，把大哥、姐姐吓得不敢哭。裴师母得知后，才敲开周师母的房间门，请她照看着兔兔，自己顶着大太阳，不知跑出多少路，喊来一辆黄包车，才把母亲送到第二人民医院妇产科。裴师母的大姑是二院护士长。她把母亲托付给大姑，自己松了一口气，汗流浃背回到小洋楼，只见小山似的继奶奶巍巍然独自坐在大厅上。裴师母连忙跟她打招呼，告诉她，母亲快要生孩子，刚刚住进了二院。

继奶奶撑着茶几站起了身。以为她要赶去二院，裴师母劝她："大太阳，热死人，你靠路边先慢慢回家。明天早点去二院，能阴凉许多。"

继奶奶犹豫了一会，告诉裴师母："老头子生病不算轻，请郎中抓药我已摸不出钞票。我想借10元、20元……"话没有说完，裴师母"哎呀呀"地叫起来，说她热昏了头，要帮母亲去缴住院费，差点忘记了！又说还要赶去永丰盛，到账房间里去寻什么顾老老，求他帮帮忙，先支点钞票替二院缴清。

继奶奶的厚嘴唇微微颤抖，不再言语了。爷爷去义泰上班，父亲已经关照张志远：爷爷的薪水，分文不少，生病照样付。上年腊月爷爷生起病，继奶奶一天一天过日子照样。父亲关进永丰盛，义泰木行锁了门，继奶奶领薪水碰到铁将军，也就到隔壁的杂货店询问，方得知一二。爷爷急火攻心病加重。继奶奶找不到张志远，又不敢去永丰盛，恐怕"害"父亲，她熬了两个月，迫不得已才去找母亲……

继奶奶乱了分寸。她慢慢走到天井的中央，还是仰起头，对着二楼窗口喊起"心肝头"姐姐："心肝头，我走啦。"

小脑袋，拨浪鼓似的两条小辫子，探在窗口尖声喊"亲娘"："你慢慢走。"

继奶奶咧咧嘴巴，慢慢走出了天井。身后有人喊"亲娘”，她回转头，只见裴师母小跑着过来，塞给了她10元钱，说：“你先拿去用，再多我也拿不出来了。”悄悄地问她：“小洋楼里的钞票，都让打虎队给抄光了，你真不知道？”

继奶奶捏着钞票离开了洋楼。“作孽哦，屋倒连夜雨，作孽了。”她念叨着，一路晒着白晃晃的大太阳。汗水洇透肥大的褂子，紧贴后背上。

裴师母没夸张。我奔向大世界的7月18日，母亲抱起我也喃喃告诉我，义泰6月初关门。永丰盛没关，木行生意却是不允许再做，工人薪水要按期发放——这还是，工作队要父亲保的证。父亲被关进小阁楼，还关照账房主管顾老老：停发股东的工资，自己也停发。工人两三个月的薪水也就发得出来了。

没两天，永丰盛定案。王队长带一支队伍，包括杨炳兴、顾老老，一起押着父亲走进小洋楼，撒一网，要把“偷税漏税”“偷工减料”捞干净。母亲说：“永丰盛，都是自己人。顾老老，父亲最最信任的账房先生；杨炳兴，父亲从小带他学生意……我挺着肚子去向他们打招呼，哪晓得，杨炳兴这个白眼狼，已把脑袋别过去；顾老老，缩头缩脑紧靠王队长，好像没听到我讲啥话。”

父亲老老实实坐进写字台，打开了锁着的小抽屉，再从抽屉深处取出了牛皮纸包。解开牛皮纸，母亲都惊呆了：黄灿灿的都是大黄鱼！顾老老挨在写字台旁边，如同收账，一根一根地往皮包里面数，数到“12”，只剩牛皮纸包了，即问父亲“对不对”。

父亲点点头，说“没错”。

顾老老仍一板一眼地说：“我写收条给你。”仍像永丰盛做大生意。

父亲站起身，把椅子让给他："你坐下写。"

这时候，王队长提醒起父亲："你的存折呢？别忘了。"

父亲咬了咬下唇，喊母亲："存折呢？你也取出来，交给顾老老。"

母亲后来告诉我，她真的像吃迷魂药，大着肚皮打开大衣橱抽屉，把家里两本存折全部交在他手上。王队长还问父亲："你的现金呢？"父亲没回答。王队长亲自翻起大衣橱抽屉，并且真的翻出200元现金，依然交给顾老老。

母亲猛然清醒了。她挺着肚子带着哭腔就朝王队长作揖。王队长转过身。她就向顾老老作揖："求求你，留一点饭钱给我。我求求你。"

王队长跨前一步严肃地对父亲说："你逃的是国税！逃国税，换在解放前，你这一幢小洋楼，全部要没收！我们现在帮助你，争取宽大处理，你千万不要站在政府对立面！"

母亲不敢再吱声，慢慢坐回床沿边。王队长仿佛老猎手，察言观色了一番，便让母亲离开床，坐在椅子上。杨炳兴张开双臂，也要抱姐姐下床。姐姐尖叫了一声，笑着在床上乱跑。王队长喊住杨炳兴："你别跟她闹，翻开大床的草席子。"

掀开了席子，床角果然躺着一叠人民币！

母亲挺着大肚子，不顾一切扑了过去。

父亲拦住了她："别闹了。结婚时，我们住在黄家祠堂里，不也一样过。"

母亲为我暖暖哭起来："我怎么活？生他的钞票都没有啦！"她学习黄傅成的大老婆，拿把剪刀想戳喉咙口。我察觉到，急中生智对着母亲就一脚，把她的大肚皮一下子踢得发软。王队长趁机收兵。父亲囚犯似的被押在前头，顾老老磨磨蹭蹭走在最后，他擦过母亲时，神色不动地把那一叠钞票丢在母亲的脚边！

母亲住二院，裴师母到永丰盛找顾老老，顾老老随即支给她50元钱，仍是不声不响，让我很温暖地踏进了常州。母亲有了两笔救命钱，熬到父亲去上海领到了工资，其实只有三四个月。

我踏入常州第三天，经历过清朝、民国、中华人民共和国的爷爷，在常州很复杂也极简单地结束了历史的使命。父亲积极退赔得到人民的宽大处理，王队长也代表人民批准父亲去奔丧。父亲赶到青山桥后街，继奶奶在祖屋已经哭得差不多。父亲搀扶着她，她喊“好儿子”，说：“我该怎么办？你说怎么办才好？”

父亲过日子也没有钞票了，但他依然很镇静。他对继奶奶说：“没了钱，就没了底气。我想啊，祖屋里的房子想办法出租，你收多少房租全归你，我一分也不要。碰到啥急事，你尽管再找我就是。”

继奶奶瘫坐椅子上，说：“你落难，仍一份孝心，我已十分满足了。我帮不了你的忙，不过你放心，以后我再不会给你添累赘。”

父亲把爷爷葬入西郊的公墓。1963年，父亲曾带我去过一趟，我记得，西公墓里乱坟堆不少，但爷爷已竖起石碑，砌了一圈小围墙。父亲没叫我磕头，有意无意地带我走到毗邻两倍多宽的围墙边，把崇敬的瞿秋白母亲的坟茔，简单地介绍了几句给我听。

瞿奶奶的墓碑刻着“瞿秋白烈士母亲金太夫人之墓”，署“媳杨之华女瞿轶群敬立”。迁葬瞿奶奶去西公墓，据说是瞿秋白的遗孀杨之华从《瞿秋白文集》的稿费里取了300元钱立的。

我的话又说远了。回到1953年——

常州的领导让父亲以永丰盛代表的身份正式转业上海华兴昌，任厂长，他的商业资本家身份从元旦开始正式转成工业资本家。

2月14日，年初一，父亲回家过了年。年初二一早，他说要乘火车赶去上海，赶到了北门，转个身便进了天皇堂弄。灵犀一点通，素芳坐在房间里，穿着整齐已等他半天。她挽着父亲手臂弯，如同晃马路，啥话不说晃到民政局，便领了离婚证。离婚证写着：父亲38岁，素芳26岁。双方自愿脱离夫妻关系，审查与《中华人民共和国婚姻法》的规定相符，除予登记外特给此证。北区区长于起明签字。

素芳说：“我知道，你已经定心。回家去，我请你吃饭。”

父亲嗯嗯着，与她又回天皇堂弄去，醉生梦死了一回。

父亲再去上海华兴昌，每个礼拜六下班，总会乘上火车回常州，礼拜天下午，再乘火车回上海——我算过，3元一张火车票，一个月四个礼拜，需要24元钱。常州市区的最低生活费，这时每个月救济8元钱。

那时父亲每一次到家，一般晚上9点多，我在摇篮里已睡着了。他总说我又胖了。有一次，还一本正经地对母亲说，长得这样胖，恐怕要去医院看一看。

母亲刚放学。她把识字课本放在写字台上面，说：“你别乱讲。我跟你说件正经事。你的后娘已经成了冯家人，我家的祖屋不能让她再住下去了。”

父亲恢复老调头，不置可否地“嗯嗯”。

母亲抬高了嗓门：“用我的钱把祖屋赎回来，自己一天没住过，她倒好，租田变成了自产！自己住不讲，她还招了个人进去！你不让她走，我去赶！”

父亲呶呶我：“别把孩子吵醒了。做你的作业去。从小要念书，现在有书念，你又吊儿郎当了起来。先让我看看，今天又写错了几个字。”

母亲成了小学生，把写字本放在父亲的手里，老老实实聆听起父亲的点评。

正月里，居委会已办起扫盲识字班，文盲半文盲都可以参加。母亲第一位报名。之后吃过了晚饭，便让姐姐当我小保姆，自己赶过去上课。两节课，回家将近9点钟，母亲伏上父亲的写字台，一笔一笔又画起生字。学了两学期，常州扫盲运动取得了全面胜利，扫盲班也就偃旗息鼓了。母亲曾经说她经历了多少次“运动”，唯有这次受了益：不但识了好几个“大字”，而且歪歪斜斜能写上几笔。她领到的两本扫盲书，我翻过读过，每篇课文都配图，难忘的有两篇：一篇写的是张积慧在朝鲜战场，一举击落美国“王牌飞行员”；一篇是讲李大妈吃掉了两个鸡蛋，张大妈则用鸡蛋孵小鸡。鸡生蛋，蛋孵鸡，鸡养大了换只羊；母羊养成群，再去换小牛——这两本书，“文革”又被没收了。

这个浪漫的故事寓意的是节约生产、勤俭持家的道理。我早年有过续写故事的冲动，既可以顺着原来的思路写，也可以峰回路转，让那个故事用悲剧谢幕……当然得用不同的历史做背景。

母亲集中精力识字时，继奶奶继承祖屋同样做贡献。她靠祖屋领到了“劳保”，大福气；她开不了怀，与冯师傅结成了伴侣，福气更不小！冯师傅单身，拖大四个儿女后，在机器厂也退了休。家里两大间屋子，他自己搁一张铺都没位置。住进了我家祖屋，他心甘情愿贴上退休金，还为继奶奶买菜做饭洗衣裳。有一次，母亲经过青山桥，顺着后街悄悄偷看了一眼，只见继奶奶已发福了，坐堂前，呼噜呼噜正抽水烟筒。看眼冯师傅，他正蹲在地上敲铅皮，要换水壶底，更像是她找来的铁皮匠。

地板下有地下室（上）

2007年10月16日，沪市A股扶摇直上6124点。股民疯狂“抢钱”时，不料行情陡转，股指“跳水”犹如三叠泉。跌到3200点，股民们以为跌到“地板”上，再无下跌的空间，殊不知，地板下有地下室，地下室底下，还有十八层地狱——2500、2200点，跌到2012年，戳破1950点，评股员的嘴再小，谁还敢说一声“底”？

2013年的股票缓慢跌，跌到6月24日，狂泻109点，“重新回到1965年”；25日，跌到1850点，又有评股员说“一下子，到了清朝的末年”……

父亲去上海后没炒过股票。外公、母亲是老上海，股票也不炒，做垃圾店曾发起大财；抗战胜利回常州，发不出财了，靠房租，靠剩下半颗“稻粒”，勒勒吃。

到了1950年，小舅小姨大姨领起“供给制”，小津贴，跟二舅做垃圾店生意差不多：但有饭吃，没有钞票聚起来。大舅之前当保长，去了一趟派出所，没人再找他，外公外婆定心的日子，跟以前也没多少两样。

1952年，“五反”母亲差一点“讨饭”，木业全都不允许私营，大舅一时寻不到饭碗。外公咬咬牙，索性卖掉西头大宅院，好留点钞票，省得心太烦。

1953年秋天，报纸上讲“镇反运动”结束了，外公连读过三遍，悬在胸口一大块石头，总算落了地。父亲又送大前门给他；下午他去澡堂，跑堂的、老浴客，人人不落，都递过去一支烟。外婆请的观世音，一天两遍香，磕六个响头，保佑全家太太平平过日子，也就越发地虔诚。

1954年的那一天，初中毕业、17虚岁的文娟姐，依然没派到工作，在居委会义务扫盲已经一年多，仍十分积极。大舅觅到临时工，对扫盲也坚决支持。大舅妈反对，但是“雌老虎”已派不到用场——大成一厂已经免除“那摩温”。她打“三班制”，当纺纱工，累得昏头耷脑接近吃不消。

鸡叫三遍时，睡在前院的外公和外婆，又被后院的脚步声惊醒。外公已听清。他顺手摸根木棍子，蹑手蹑脚移到后门门边上；外婆抓起挑茅草的小扁担，紧靠外公身旁，悄悄地拉开门闩——

后院的侧门被闯开了，正门也大开。二楼窗口突然亮起了灯泡，还有吓人的吆喝！大舅妈和文娟姐的哭叫声很快停止。杂乱的脚步声，正从小楼梯上响下来。外公骂一声“赤佬”，奋不顾身高举起木棍，直扑向“土匪”，身后却被外婆死死抱住了——人群中，外婆看到有人捏电筒，有人握手枪，戴大盖帽的人她看得更清楚，外公靠近后，也看清大舅夹在大盖帽中间，被铐上了手铐！

外公看到了费宝宝。外婆走上前，挡住他的去路说：“费主任，他没有犯法，半夜三更你凭啥抓人？”

费宝宝当居委主任已三四年，练出了正宗官腔：“快让开！我们在执行公务！不是看你军属的面子，说你妨碍公务！”

外公炸出火爆的脾气，指着费宝宝的鼻子就大骂：“老小小头子，大不了，你论我一个杀头罪！上海场面上，黄金荣、杜月笙都讲道理，常州人民政府抓个人，连青红皂白都不要讲了？”

警察押着大舅走到侧门口，费宝宝得一齐走，但被外公外婆缠住了，便索性透点冷风冻冻他：“他犯什么法？我告诉你，犯的是反革命罪！”

外公呆住了——“镇反”的政策，大姨带着大舅认真学习过；父亲获悉了“内部文件”，也告诉过大舅，内容也一致：保长不属“反革命”，不会抓，更不会“镇压”。“镇反”结束后，大舅怎么会变成“反革命”，仍被抓起来？

外公怎么想，也不妨碍常州法院的判决：大舅当过保长兼任保国民兵队队长，年年组织壮丁搞军训，为反革命队伍源源不断地输血等罪状皆确凿。至于“镇反”结束一年多，为何还抓大舅“反革命”，街坊有好多版本。

有一个版本，说是政府执行“双十指示”，纠正运动当中“宽大无边”的倾向：当杀者，应即处以死刑；当监禁和改造者，应即逮捕加以改造；对罪恶较轻又愿意悔改者，应即实行管制并加以考察，若继续作案应严厉制裁！

有两个版本，与瞎全大为弟弟报仇有密切关系。朱全二被送去战场被打死，那算不算是大舅的一笔血债，我不得而知。

另外一个版本更离奇，说本来判大舅10年徒刑，他不服，被判12年；他仍不服，行，判他15年，而且问他服不服。大舅害怕了，再不服，判上20年、判死缓，再也望不到外公外婆了，于是低下头老老实实认了罪。

传闻自不足为奇。大舅犯了“反革命罪”，被判15年徒刑，押送到新疆塔里木的大沙漠，青石板钉上了洋钉。外公没处撒憋气，抓起外婆跪拜的观世音，咬牙切齿地摔成了碎片！摔进院子没多久，还真有报应：宅院东边那一块宅地，也就是大舅的月季花园、鸽子棚，被政府拆去篱笆，全部砌进了机械厂的围墙。外公找到费宝宝评理——已喊起他“主任”了，说：“我在民国十六年，出银圆，买下一亩五分地在门口造房子，有字据合约……”

毕竟都是鲁家巷的人，费主任对外公说：“这一次，确实与大舅没有关系。”他拿出个文件，把自己的老花眼镜借给外公看，劝他别再去找不自在。

外公像看报纸那样读过画着底线的文字：“一切私人占有的城市空地、街基地等地产，经过适当办法，一律收归国家……”

外公明白了理路，还了老花镜，一肚子火回到家，还没来得及乱喷，外婆递给了他一封信。

信是二舅从上海寄来的。信上讲，海防路上的垃圾点，政府不让再开了。

外公喉咙口冒烟。他丢下信，顺手抓把红茶丢进大瓷缸，倒满开水才察觉，茶叶倒多了；端到鼻边上，又烫了嘴巴。他搁下瓷缸再看信，二舅二舅妈原来加入废品回收公司了；二舅担任业务员，二舅妈负责烧饭，不再要她分垃圾，拿固定薪水。外公拈拈山羊胡，咕噜道：“吃口安稳饭，也蛮好。”

母亲从小就恨透大舅“白相人”，恨透大舅妈“雌老虎”，得知大舅被抓走，连忙搀着我赶到外婆家，探望大舅妈时哗啦啦地淌眼泪。

得知机械厂“抢”鲁家巷空地，母亲想着祖屋的宅地，张望了两趟，心神不宁地赶往青山桥后街。被她猜准了，祖屋的空宅地四周，已经聚起一堆人。冯师傅坐在椅子上一声不吭，继奶奶坐椅子上，朝着人堆却高喊：“你们有本事，去抢日本倭寇的，去抢美国鬼子的，抢孤寡老人的算点啥本事！”

有位干部模样的，递给冯师傅一支香烟。冯师傅接过，递给了继奶奶。继奶奶衔起了香烟，干部居然弯下腰，为她点上了火柴。她深深吸了一口烟，鼻孔、嘴巴一齐朝外喷，两指夹起烟，指着干部才慢条斯理地说：“李厂长，你们塑料厂在这里砌围墙，我和老冯一道替你填墙脚。”

李厂长陪着笑，说：“你把宅地献给常州大建设，有些啥要求，我们一定会尽量满足。”

继奶奶这时看到了母亲。她挨近老冯悄声说：“替我守住了。谁敢动一锹土，我找你算账！”面朝母亲呶呶嘴，晃着小山一般的身子丢下李厂长走进祖屋。

见母亲跟进祖屋，她即关上门，悄声说：“刚才你也看到了，祖屋留下的这块宅地，恐怕难保了。我没帮你看好家，觉得真的对不住你们。”

母亲品味那些话，很有些感动，便对继奶奶说：“形势是这样，没办法。你实在缠不过，就松手，保重自己的身体。”

母亲没说错，继奶奶怎么缠得过政策？塑料厂终于圈走了我家祖屋的宅地。只不过，李厂长没有食言，他满足了继奶奶所有的要求：把塑料厂的自来水、电线杆，全都接到老祖屋，为继奶奶免费供应，并且享受到去世。有点可贵的是，李厂长在当政的岁月，还让继奶奶享受了一份工人的福利。

母亲“佩服”继奶奶，诈死竟然诈到了“赎买政策”——这个名词还是父亲嘴里学会的。实质上，父亲1956年在公私合营华新昌中做出了贡献，而且成为上海首期政治学校的成员，真正熟悉、领会了“赎买政策”的革命精神。

据记录：1956年1月14日，中共上海市委召开全市工商界上层人士座谈会，讨论有关全市资本主义工商业公私合营问题。会议由陈丕显主持。荣毅仁代表全市工商界表示，要在一周内提出公私合营的申请。

16日，盛丕华首先把自己所属的企业进行公私合营。在他的率领下，上海85个主要工业行业35，163户和120个商业行业71，111户，全部实行公私合营，“为完成上海资本主义工商业的社会主义改造做出巨大的贡献”，“载入中国工商史史册”。

21日，在人民广场召开上海市各界庆祝社会主义改造胜利大会。30日，盛丕华赴北京向中共中央、毛泽东报喜，并且受到了毛泽东的接见。

4月18日，市委统战部召集有关方面及工商界代表人士座谈，提出了成立上海市工商界政治学校，要求在两年内轮训全市8万多名工商业者；并宣布，学校校长为盛丕华，副校长为白彦、胡厥文、荣毅仁、杜大公、孙更舵。

在1956年，上海按计划将一笔资金注入华新昌，然后改名为：公私合营上海纺织用品厂。父亲任私方厂长，原先的“公方代表”盛树直，改任公方厂长。父亲去政治学校听讲“赎买政策”时，当然特别地认真——

“赎买政策”先以利润“四马分肥”的形式来表现，即国家所得税34.5%、企业公积金30%、职工福利15%、资方红利20.5%；继而用支付定息的形式——国家支付老板10年的定息，私营企业即收归国有。

老板们有各种各样的想法。

“随着赎买政策的贯彻”，父亲还被新任命为上海虹口区工商联执委、纺织行业基层工作组组长等，“开始体会党的伟大和可爱”——他的笔记不是“灵魂深处闹革命”，而是内心巨大的变化。我相信，他曾经呕心沥血“中兴”永丰盛，已被视为套住脖子扣紧双腕的枷锁，他最大的愿望是摆脱枷锁，剥夺资本家财产，最后消灭资本家。

“赎买政策”的贯彻，父亲一觉醒来发现公方厂长盛树直的月薪只有45元，而自己当时拥有永丰盛，月收将近300元；改拿定息后，月薪120元，定息还有100元。寻根溯源是资本家唯利是图。父亲于是坚决要求削减自己的工资。盛树直与父亲搭档近五年，对此仍迷惑不解。父亲很认真地说：“我和工人的工资差距太大不是好事情。”如天方夜谭，他还真的把自己的工资，降到了98元。

父亲与盛树直还商量：“我们纺织用品厂，顶着‘上海’的衔头，还是窝在桃源坊的石库门里做道场？手头有一点资金，赶紧搬出去，我看能做点气派！”

他一直服帖父亲的经营才能，连声说“对”“对”。开会商量时，父亲唱戏，盛树直附和，党政工的意见都取得一致。父亲拿着早已拟就的申请，便请盛树直赶紧送上级审批。工厂迁到周家嘴路后，父亲添人又置新机器，公私合营运转得更欣欣向荣。

1957年的春节快到了。盛树直跟父亲聊天时说："本想在家好好歇两天，老婆硬要我到丫河去，在丈母娘家过个年。烦死了！大年夜下班，先乘火车到常州，还要再坐一个多钟头轮船……咳！"

父亲说："我们同路到常州。我买车票时帮你带一张就是。"

父亲腊月廿七下了班，就在周家嘴路乘电车，直接乘到北站买下预售票——他当私营厂长时，就给员工享受一个小规矩：大年夜，下午3点就可以下班——售票窗口讲，4点钟的固定班已卖光了。父亲于是买了两张6点钟的棚车票。这趟棚车没晚点，上海开到常州已经年初一。早班轮船6点开，盛树直舍不得住旅馆，准备去表场码头，到候船室里打个盹。

父亲劝他说："我家离表场不远，到我家去躺一会。"

在常州火车站，上海纺织用品厂的私营厂长，带着公营厂长一起去了小洋楼，一起躺进自己的房间。父亲在4点半又陪盛树直去了表场码头。看看时间来得及，他坐在路边小摊上，又请盛树直吃了两根油条一碗豆腐汤，并且对他讲："回上海的火车票，我会帮你带；初三你到我家吃午饭，然后一起回上海。"

那一天，母亲准备了一桌丰盛的午餐。盛树直像自己人，喝着酒，讲私事，论公事地敞开着心扉。火车上很挤，挤着车厢站到上海近5个钟头。走出北站分手时，盛树直喊住父亲，摸出了已经如数的火车费、油条豆腐汤钞票，不容推辞地塞到了父亲手里，说着武进话："我们亲兄弟，明算账。"

父亲支支吾吾仍说常州话："同一路的事，就不多讲了，省得添麻烦。"

地板下有地下室（下）

永丰盛的末代股东有七八个老板，唯独江家麟跟随父亲转业到上海，还合租10平米的一间朝北小厢房。父亲任私方厂长，江家麟当副厂长，没多久，他们合租的厢房，便留给父亲单独居住了。论关系，按理挺亲密，然而父亲总是觉得他“佛一样地敬，贼一样在防”。1957年回常州过年，年初二，外公做生日，父亲拜年吃过面，回家时经过鲁家巷，恰好碰到了黄傅成。黄傅成眼睛一瞪，劈头盖脸地就痛骂他一顿，仍像永丰盛的董事长，口吻似命令地喊“老桂”：“房间里去坐一坐！”

父亲保持着本色，就像1946年为永丰盛复业，也像1937年逃难，勇敢地回永丰盛去“守”木行，从不论名利，走进黄府客堂仍毕恭毕敬。他先寒暄，再问永丰盛的老板们近况，没料到，黄傅成一个巴掌拍得桌面上的茶杯乱跳舞，瞎放屁：“你卖主求荣，害得大家破了财，还好意思问？”

父亲的脑袋转不过弯来。黄傅成对着桌面又是一巴掌：“我被拉到文庙斗半天，宁愿死，不卖主；你往小阁楼一坐，永丰盛的针头线脑全部端出去，求荣了！”

“被人家看不起”是啥道理，父亲总算明白意思了，一阵红、一阵白，脸色更难看。他与张老二在贫儿院，相互抱臭脚取暖；走封锁线，甘愿冒风险一搏。有名了。“五反”结束后，张老二宁愿失业回老家，也不转入上海再与父亲共事了！江家麟，老婆孩子不在上海住，让他转入华新昌，也绝对不肯……

黄傅成再拍桌子发狂飙，父亲已不想解释。他知道，解释不派用场了。

回上海去上班了。晚饭后，父亲仍在桃源坊的小厢房，一杯绿茶一支老前门，看一张报纸，然后洗脸焐脚睡一觉，天就变亮了。“变”到正月半，难得住进桃源坊的江家麟，竟然在小厢房里连住了两天，无话讲还寻三句。第三天，他躺小床上，又主动与父亲叙起了旧情。突然说：“礼拜天，我想请你吃一顿便饭。”

父亲“嗯嗯”地等江家麟继续讲。他果然说：“盛厂长，还有张书记、工会宫主席，都到我家去。我怕请不动他们，想请你帮个忙，好不好？”

江家麟“加强团结”的愿望，父亲很明白，也感到为难，反复琢磨后，为了弥补“五反”的愧疚，加上自己的算盘，父亲“嗯嗯嗯”地答应了。

父亲打算盘派出的用场，是工厂迁入周家嘴路后，钢丝综的订单雪片似的飘过来；他最最担心的，则是厂里三人两不齐。公私合营后，一大堆党员和干部，他能说上话，但已定不了“性”了。这一次，他想通过私人的关系，进而展示自己生产经营的才能。

大家给足了父亲的面子。张书记犹豫了一会，还是答应一道去，他想看看永丰盛的资本家们玩啥新花样。他吃着喝着，自己先露出了苏北腔。蒋师母上菜，听得特别亲切，情不自禁地问他："张同志，你是泰兴人？"张书记点点头，问她怎么知道的。她说听出来的："我也是泰兴人，马甸的。"张书记问她："你马甸哪里？"蒋师母说："李庄。"

张书记用起流利的泰兴话："我家在张庄。你们去马甸，要从我家门前过。"

蒋师母也用起了泰兴话："你家门前有三棵大白果树？"

"嗯啊，"张书记说，"还是我的太爷爷栽的，算来快要100年！"

蒋师母兴奋地"嗯啊"："我们还是亲眷呢。论辈分，你得喊我一声好听的。"

盛树直即讲起武进话："喊，快点喊！不喊就罚酒！"

宫主席用上海话对江家麟说："今天你请客，还有点意义：树直、老桂是'厂长公私合作'，蒋师母、张书记是'党内外合作'。"他摇头晃脑接着唱起来："全国人民大团结，掀起了社会主义建设高潮、建设高潮。"

一桌子人放下碗筷拍着手，全和起来："社会主义好，社会主义好。"

这顿饭，上海纺织用品厂的领导吃得空前地和谐。父亲生产经营的决策，以后有人补台没哪个拆台，工厂的产值和利润也就电梯一样往上升。产品打响了牌子，虹口区的工商联，还把父亲树为搞好公私关系的典型！

在"文革"中，父亲"深刻批判"了自己的"反动行为"：

——在1957年的春节前，我主动去为公方厂长代购火车票；春节后，江家麟以团结为名，邀请支部张书记、公方厂长盛树直、工会宫主席等，到他家吃饭，请我当陪客。我曲意逢迎，名义上搞好关系，实际想骗取信任；潜移默化、勾结帮派，我拉拢关系是走资本主义复辟，是和平演变的一种恶毒手段……

父亲的“深刻批判”，又为派的啥用场?

“和平演变”的父亲在那几年，春风得意马蹄疾。有个星期六，他仍回常州；星期日，抽个空，转到天王堂弄还探望了素芳，摸出一把钞票塞给她，很婉转地又劝她：“成个家，老来有个伴。”

素芳已当居委会主任。她半真半假地说：“我老了？不要紧！告诉你，省常中招兵，素平报上名，一下就被录取了，当上解放军！我在居委会，天天忙工作，要想熬出头，还真找一个老伴。”她顺口关心地问起大哥的近况——他读小学时，父亲经常带他去天王堂弄，喊一声“素芳阿姨”；他比素平小两岁，见了面，却不愿玩耍。在武进县立中学时，素平读初二，大哥开始读初一；素平省中读完了高一，穿上了军装——“他也考取了省中，上进的势头，一点不比素平差”。父亲还告诉素芳，大哥也喜欢寄宿住校。

大哥70岁时跟我讲：他考取省中前，天真烂漫无拘无束；考取后，没有“唯有读书高”，没有“读书做官”追求“黄金屋”“颜如玉”等思想，很单纯，很幼稚。成熟得早的同学，倒开始接触社会，向社会靠近。

那一天，素芳真心实意祝愿大哥考取清华或复旦，然后当上科学家，拿到诺贝尔奖。

又一个周六，父亲又踏进了常州火车站。这一次，他先想起了姐姐。他特意去了一趟上海淮海路，替她买了一条连衣裙。想到姐姐总喜欢去永丰盛，爬在阁楼的梯子上送饭、买香烟，眼一眨，竟然11岁了！他还情不自禁呵呵笑了起来。

父亲的牛皮大包里，肯定装着我最喜欢吃的葡萄干。不用猜，他买的时候，给我的“恶毒考验”也早准备好：他把葡萄干都送给我。假如我独食，哪怕独食第一把，他就会毫不犹豫地将葡萄干没收！后来我变成习惯，习惯又成了自然。

父亲又想起弟弟，已经4岁，怎么瘦得还像猴子精，上个礼拜出痧子，今天估计可以消退了……

母亲1954年生下弟弟时，没了奶！她炖鲫鱼、炖猪蹄，还炖山甲老母鸡，都不派用场；喂奶粉，喂米汤，喂得心也疼。咬咬牙，在普济桥的河对岸请红梅当上了奶娘。奶娘红梅把弟弟抱到自己家，晚上再把弟弟送回小洋楼；弟弟吮着奶头，没长胖。二舅遇到了，却很喜欢他，想要认他当儿子，母亲答应了。二舅妈当场摸出15元钱当奶娘费，并关照母亲，以后抚养弟弟的费用，她全额支付。

弟弟又吮吸了半年奶头，仍瘦小，头发也稀少，时不时的还生病。母亲又急又恨心更疼，忙辞退奶娘，自己更是仿佛犯下严重的错误。她由此特别并且格外地呵护弟弟。

身居小洋楼，请一位奶娘抱着弟弟同住厢房间——这条路，母亲行不通，属于经济还是政治原因，我调查不清，也就没有发言权。

父亲走下南运桥，走进小洋楼，二楼窗口的电灯光，马上变成强大的磁场，吸引父亲走过天井，跨上麻石条台阶。

母亲坐在漆黑的大厅里，焦急地等待着父亲，见到他才拉亮电灯。父亲看到四仙桌碗筷狼藉，心里一咯噔，依然笑着问母亲：“那个闯祸坯，又去哪里闯穷祸了？”

闯祸坯，当然就指我。父亲每次回到家，母亲不是说我专门惹弟弟，就是说我又跟街上“野孩子”打架。每一次还很夸张地向父亲总结：“我就差把拜垫背背上，跟在他后头，天天去朝人家磕头了。”

母亲这次摇摇头，没有骂我“闯祸坯”。她指指裴师母住的东厢房，又指指周师母住的西厢房，轻声说：“你看门楣上。”

门楣上，都用白漆刷上“经租”。父亲不解地问：“谁刷的，这算啥意思？”

“你先上楼去。我收拾起碗筷，上楼讲。”

母亲上楼时，我已通过父亲的道德考试——我接到葡萄干之后，从纸包里，每人抓五把，还包括父亲；剩下的，说都留给母亲吃，自觉放到桌子上。我一颗一颗嚼着葡萄干，弟弟已吃完，伸出手去桌子上拿，我对着他手背，狠狠地，就是一巴掌。母亲听到弟弟的哭声，冲上楼梯跑进了房间，虎着脸问我：“你又打他了？”并责怪父亲：“你也是，看着他打人，不去‘帮’！”

没料到，父亲真的偏袒我，说：“这样的孩子就该打！哭，更要打！”

母亲恶狠狠地骂了我几句，告诉父亲：“在礼拜三，居委会又喊我们到小菜场去买‘爱国黄鱼’。大黄鱼肉嫩，没有刺，也只要1角5分钱一斤，蒋师母她们都买了，我跟着买‘爱国’，这一次索性挑两条大的，做成糖醋黄鱼送条给外公，顺便问问大舅寄过信没有。外婆说没有，只讲大舅妈呕血，经常开病假、熬中药。个把钟头后我回到家，我家的小洋楼，除了二层楼及平房的厨房间，从三楼到底楼，竟然被哪个赤佬在门楣上全都刷了两个字！”

母亲说：“见到裴师母，我就问她门楣上刷的啥字。她说叫‘经租’，并申明，不是她‘刷’的。我问‘经租’啥意思。她支支吾吾先说讲不清，又说房管所的人知道。我不想问下去，就讲去买点红漆，刷干净门楣！裴师母连忙喊住我，鼓足勇气说‘刷字佬已关照过付的房钱，全归房管所收了’。”

南大街上有一个书场，黄傅成的小老婆，拖着母亲接连听过好几场。母亲听到清兵打进山海关，王爷总会选骑手、配良马，跑一圈子有多大，多大的土地就归他所有，便凑近小老婆耳朵，悄悄说，皇帝就不讲王法？真是说书佬！哪知道，没有王法的事，也轮到她的头上！她千辛万苦造一幢洋楼，房管所走来刷一刷，就变成了他的？

如此“反动话”，母亲在改革开放之后反反复复不知说过多少次。她有时候，还点着我的头，询问我：“1952年‘五反’，打老虎，查出偷税漏税等罪名，把老头子从1940年做起米行木行赚起的银圆小黄鱼，罚一个精光，把有名的永丰盛，还有义泰、惠丰全关门，那是活该！小洋楼在1950年新造，到了1957年，刷出‘经租’改造了一大半，究竟为了啥道理，你讲句真话给我听听，好不好？”

若问你，你会讲些啥？

母亲被刷“经租”的第二天，她还真发疯似的跑到房管所。所长很冷静，他让小王去接待。小王20岁出头，喊着“阿姨”请母亲坐下，说不要埋怨房管所，他们在执行上面的政策。

母亲说，那个政策讲不讲道理？

小王嘘了声：“别乱说，这里人头杂，别让谁给抓住小辫子。”压住了母亲的气焰，小王开始讲道理，大致意思是，社会主义不允许生产资料私有制。小洋楼虽然属于生活资料，但出租收房租，房子就衍变为生产资料，就成为剥削劳动人民的工具。社会主义要走共同富裕的道路，这些私房就必须改造。

母亲打断他的话：“我知道了，你们是在执行没收房子的政策。”

小王又嘘了声：“那是你说的。我再说一遍，我们房管所，是在执行社会主义私房改造的政策。”

…………

母亲在没骂我“闯祸坯”那天，见父亲一直“嗯嗯”，便恼火地问他：“我已讲半天。你讲讲，到底怎么办?！”

父亲像从迷糊中惊醒，连忙说：“要我讲，心胸开阔点。我们现在的日子，比起你家住的垃圾店、我们结婚租用的黄家祠堂，是不是好几倍？比起贫儿院，更是要强出百倍。”

母亲说：“你不能比比程祥生到香港去过的啥日子？你要信了程师母，当年退掉义泰、永丰盛的股本金，卷起铺盖去澳门、去台湾，日子也不知要多好过！”

父亲“嗯嗯”不再接她的话茬，熄了灯，躺倒在床上，这才嘀咕一句：“青山桥后街的那几间祖屋，不知改造了没有。”

母亲一坐而起像来了精神，说，去年冯老头死后，继奶奶讲不再嫁人了，靠祖屋出租，日子也能过。房管所的人去刷“经租”，你猜她怎样？跑到大门外，朝地下一坐，拍手拍脚就喊起“救命”！哭诉有人欺负她一个孤寡老人，想逼她黄泉路上去追两个先走的死鬼……街坊邻居围过来，也朝居委会、房管所们老鸹叫。母亲说去过一趟，她菩萨似的又坐到堂前，捧起水烟筒，还神气活现地对母亲说：“这一次，总算帮你守住了祖产。”

父亲说：“你别讲，她也是个苦命人。明天我去看看她。”父亲又问外婆家房子，母亲叹口气，说：“军属有啥用？母亲还不如继奶奶。外婆租赁的房间，这一次，全部没收了！一顶反革命帽子，压得外公话都不敢多讲喽！”

后　记

我从小喜爱读小说。记得四年级，读小说读得如饥似渴。当年，《钢铁是怎样炼成的》《牛虻》《海鸥》等外国书，《太阳照在桑干河上》《火种》《铁道游击队》等中国书，塞满了二楼的书柜。《创业史》《红旗谱》《艳阳天》《金光大道》等“文革”时期的名著，我当时曾细读，如今咂一咂味道，仍觉得虽时过境迁，评判不一，但却有时代的价值。在插队的整整十年中，我无多少书可读，唯有背诵毛主席语录和诗词。所谓“熟读唐诗三百首，不会写诗也会吟”，若干年后，我曾经读过的书，写过的不成气候的诗，在工作和写作当中最终都派上了用场。

1977年之后，中国百废待兴，文学热潮来临：《班主任》发轫，《蹉跎岁月》《今夜有暴风雪》等“伤痕（知青）文学”，《灵与肉》《男人的一半是女人》《古船》和《白鹿原》等，我读得手不释卷。叶辛、梁晓声、王安忆、张抗抗等作家都当过知青，上过山下过乡，已经成就卓越，反观自己，只有徒然羡慕的份！

在1982年，我30虚岁那一年，命运的转折点来临：考电大，可以不再讲家庭成分了！不过，我只读过初一，数学早忘光了，好在第一届文科招考，不用考数学，只需要考语文、政治和地理、历史。三个月，有12天假期，我集中到一起使用，语文不必复习，借来三本薄薄的政治、地理和历史教科书，愣是死记硬背，还真让我考取了电大！毕业后，我这个曾经的撑船佬，先是成了老师，后创办《常州交通运输》报，最终成了总编。

文学梦始终还在。1993年，已经40周岁的我萌生写小说的念头。

我发表的第一篇散文，是回忆我插队的地方周家埠；学写的第一篇小说，也讲周家埠。抒发真情实感10余万字，题目《狗崽子》。“地富反坏右资”包括他们的子女，都曾被叫作“狗崽子”，在1979年1月29日一律摘掉了帽子。

反复修改三四遍之后，我投稿某文学杂志，如泥牛入海，再无音信。我并没有泄气，每天挤出下班的时间，写起了小说《反悔》——20世纪八九十年代，穷乡僻壤的乡亲们都想富裕，争当“万元户”，纷纷踏上“务工”的队伍，跨进城市已成为趋势。但城市阴暗角落里的丑陋者，吃喝嫖赌也坦露无遗。那些年，我四处采访写交通新闻，写《反悔》，有丰富的资料也不用搜索。

除了写小说，我开始执着于对家族史的研究。我决定用自己的家族经历，写出寻常百姓的一段历史——

清末民初，米、豆、木、典曾是常州经济的“四大支柱”。

民国初年，常州西门外的外公外婆闯入上海滩，在棚户区开了一爿垃圾店，发了财，回家造了两座二重二进的宅院。后来垃圾店被日机炸成废墟。他们回到了常州。解放后，小姨小舅争当解放军，大姨则早在上海当了地下党。宅院却在1958年改造。改革开放初外婆去世，枕头里只剩20元钱。

爷爷“十亩地里一根苗”，祖产颇丰，但他抽大烟，落得家败人亡，无立锥之地。母亲嫁给一文不名的父亲，将嫁妆的银元都捧给父亲入了米行股；聚沙成塔做木行，父亲竟成了赫赫有名的永丰盛木行的末代掌柜。不过，这样的经历，最终让他命运多舛。每念及此，我深刻体会到，在社会大变革的时代，一个家族的命运是如此的飘摇不定，又紧密相随。我们每一个人在时代的裹挟之下，或顺势而为，或因势而变，或顺从，或抗争，大历史下的普通家族和个人都不该被遗忘，都值得被书写。种种所思所想，最终化成了我笔下的文字。

小时候，母亲一直要我们念书，她常挂嘴边的话是：“家里不念书，等于养条猪。”大哥争气，读完研究生，去了七机部。但我们姐弟仨，带着家庭成分的枷锁，抱着贡献祖国的理想，各自走天涯，去农村插队了……改革开放后，知青们的日子好起来了，未来的希望无不寄托在子女身上。我对女儿，苛求多于爱抚。她最终没有辜负我的期望，读完研究生后，南下广州，事业有成，家庭和睦，让我深感欣慰。

六十周岁这一年，我突然患病不会写字、不会说话了。我把心里的话，用电脑一个字一个字打出来，这是我对人生的回眸与感悟，于大时代也许微不足道，但于我个人却是心血所在。终于，在65周岁那一年，我的第一本散文集《行旅河山》出版了！今年是我的66周岁，《似沉欲浮大江南》也即将出版——五代人，百余年，我期待一个普通家族留下的杂乱的足迹，能引发读者诸君更多的思索，那就并非毫无价值了。

最后要深深感谢我的妻子。我何其有幸，与她能一生携手，相伴到老。她的默默支持与宽容，是我能写下本书文字的原动力。

还要感谢吴晓波先生、马家辉先生、罗永浩先生、刘作虎先生，他们的推荐，让拙作拥有了更多读者。对于每一个写作者来说，有机会与读者产生精神交流，都是莫大的荣耀。